斎藤実盛と手塚光盛の戦闘（明星大学所蔵『平家物語』絵本 巻七 部分）
（一章・口絵１）

木曽義仲による実盛の首実検（明星大学所蔵『平家物語』絵本 巻七）
（一章・口絵２）

雑誌『ハガキ文学』（三章・写真１）

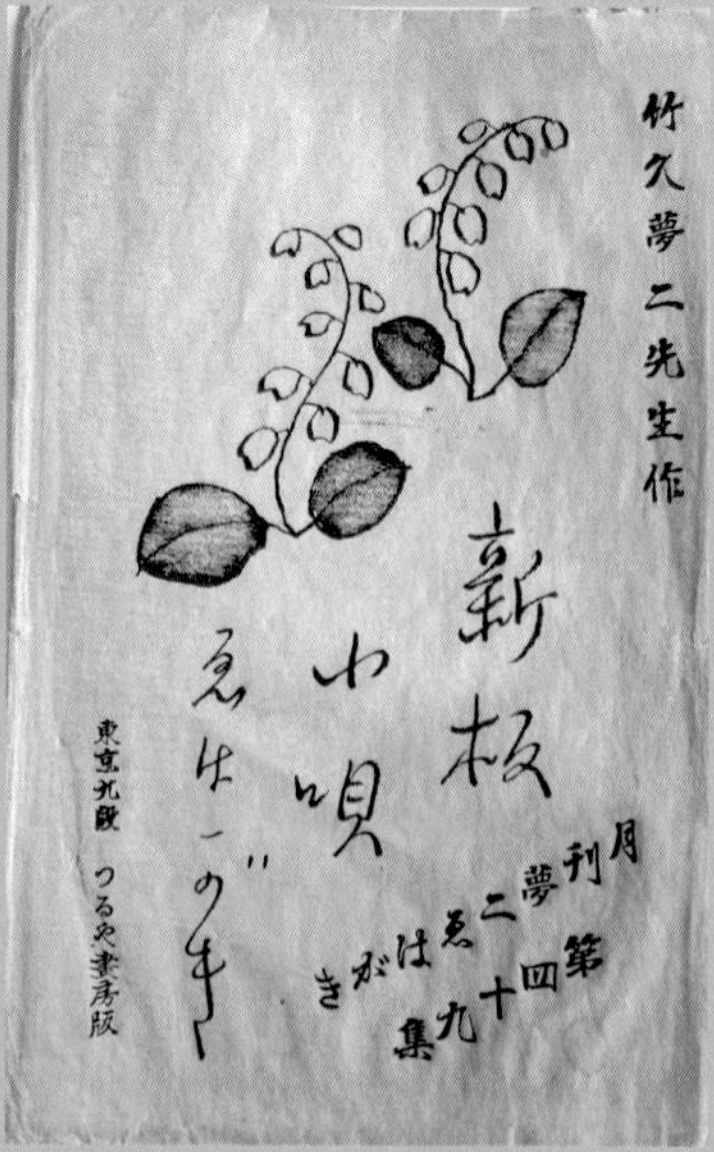

『月刊夢二えはがき』（三章・写真 2）

『猿若錦絵』瀬川菊之丞（部分）
国立国会図書館デジタルコレクション https://dl.ndl
.go.jp/pid/2590558/1/5（最終閲覧日 2023 年 4 月 25 日）
より（三章・写真 4）

聖天山貴惣門前参道石灯篭の変化

大正二年発行
（三章・図版
7-5）

大正六年発行
手彩色（三章・
図版 6-3）

昭和二年発行
（三章・図版
9-2）

白黒写真のカラー化１

妻沼町聖天山石門材運搬　昭和六年
（三章・図版 10-1）

白黒写真のカラー化２

妻沼町聖天山石門到着　昭和六年
（三章・図版 10-2）

妻沼聖天山絵はがき：平成２４年発行

国宝本殿西面全景
（三章・図版 14-1）

すなどりの子どもたち
（三章・図版 14-3）

布袋さま（三章・
図版 14-6）

獅子（三章・図版 15-1）

雉（三章・図版 15-2）

鳳凰（三章・図版 15-3）

最近の絵はがき

フォルムカード　歓喜院聖天堂（三章・図版 15-4）

八百四十周年記念（三章・図版 16-1）

能護寺あじさい（三章・図版 16-2）

今につながる妻沼の歴史

埼北文化研究会

まつやま書房

刊行によせて

『今につながる妻沼の歴史』を読むと、妻沼地域が描かれているそれぞれの時代の情景、賑わい、雰囲気、庶民の暮らしや笑顔に思いを馳せることができる。

当地に生まれ育った者から見ても、ここに記載されている一つ一つの内容が初めて知る事実だったり、昔の記憶をたどりながら納得したりと、改めて新鮮な気持ちになる。

例えば、平家物語から見た実盛公は、武勇に優れていただけでなく義理人情に厚い東国武士の代表であったのがよく理解できた。

大正期における聖天様の節分会には、地元以外にも様々な人々が各地から参加していたのに心惹かれ、絵はがきから見える身近な場所の変容は、今につながるしきたりを伝えている。

幕府公認の舟渡場であった葛和田河岸の繁栄は、「あばれ神輿」祭礼に名残をとどめていたり、明治の利根川大水害を契機に、妻沼地域が大変貌を遂げるのも先人の奮闘のおかげであったと知った。また、明治初頭に開催された句会から、雑排が地域文化の娯楽として大衆に親しまれていたのに感心したりと、今までに気づき得なかった新たな事実にも接することができた。

子供の頃より見慣れた出来事や行事も、時代と共に消えたり、形を変えて継続してきた様子が手に取るように分かるので、興味をそそられる。

何気ない日常も歴史を紐解くと、少しずつ変化を繰り返しており、時を区切って俯瞰してみると大きく様変わりしていることに気がつく。

一〇〇年単位でそれぞれの時代を知り、悠久の時を経て今があると想像したら、田舎で何も無いと思っていた妻沼がなぜか誇らしく、愛着を感じるようになる。

目まぐるしい社会の中で、我々が心豊かに暮らしていくには、生活の拠点である故郷の歴史や文化を学び、先人の残してくれた遺産を大切にし、それらを後世に伝えていくことが求められるだろう。

今後も、多くの人々が地元に関心を持ち、守るべき伝統と時代に合った移り変わりを見極めながら、新たな妻沼の発展につながるまちづくりをしていただけることを願っている。

そして、それらのことが長い年月をかけて故郷の風土を築いてくれた先人に対する恩返しではないかと思う。

本書の刊行にあたり、各方面から歴史を掘り起こしながら、時代の息吹や人々の活躍に光を当てていただき、妻沼の魅力を再確認するきっかけを与えて下さった先生方に、心より感謝を申し上げます。

まろく会代表　岡田　仁一

まえがき

本書がテーマとしている妻沼は、熊谷市北部を占める地域です。

江戸時代の妻沼村は、武蔵国幡羅郡に属し、目沼・女沼とも表記されました。近隣には男沼という場所もありますから、東山道武蔵路の渡し場近辺にあった二つの沼を男沼・女沼と名付けたのが、地名の由来とされています。

妻沼村は、大正二年（一九一三）に弥藤吾村と合併し妻沼町となり、昭和三〇年（一九五五）に秦村・長井村・男沼村・太田村と合併して新たな町として成立しました。現在、住所地名としての妻沼は聖天山辺りだけを示すものになっていますが、妻沼地域というときには、熊谷市と合併する前の旧妻沼町の範囲を指すことが一般的です。合併から一五年以上が経っても、共通の文化を持つ地域としてまとまりを維持しています。

妻沼の中心となっているのが、妻沼聖天山です。源平合戦で活躍した斎藤実盛が信仰した歓喜天の像を祀ったのを創始とします。歓喜天の姿は、象頭人身の単身像と二尊が抱き合う双身像があり、縁結びの天部とされます。実盛は越前出身の武将で、長井庄の管理者として、妻沼の地にやってきました。それから八〇〇年以上経っても、実盛が作った聖天山は地域の核となっています。歓喜天を祀る以前からも、伊弉諾（イザナギ）・伊弉冉（イザナミ）が祀られていたと言われており、この地には、昔から人と人とを結びつける力があったようです。

聖天山は、戦国時代には忍城の成田氏の庇護を受け、江戸時代にも幕府から五〇石の朱印状を受けています。武蔵国と上野国の境である利根川の渡河地点となっていたのが、妻沼が繁栄した理由です。しかし、利根川は暴れ川でもありました。実際、江戸時代の寛保二年（一七四二）の大水は、未曽有の被害をもたらし、全国の大名による御手伝い普請によって被災地復旧が図られています。この洪水の前後に建てられたのが、国宝となっている歓喜院聖天堂です。日光東照宮の系譜をひく職人たちによる豪奢な建築物は、幕府や藩といった権力者ではなく、庶民らが中心となって浄財を集めて費用が賄われたことでも、評価されています。

建築に限らず、全体的な文化レベルが高い地域で、句会・書画会などが江戸時代から頻繁に催されてきました。筆禍で江戸から追放された文人・寺門静軒が、身を寄せたのもこの地でした。静軒が、妻沼にやってきたのは、自分と会話レベルが合う学識者が鄙ながらも多くいたからでしょう。静軒は、妻沼に七年間滞在しており、その間に書いた作品が文化財に指定されて地域に残されています。

このような文化の高さは、現在も引き継がれていると思っています。本書の執筆者は妻沼にゆかりがある人に集まってもらいました。「刊行によせて」「聖天様の門前から」を執筆した岡田仁一さんと高柳紀子さんは、妻沼で生活している人です。地域の人に支えられて本書ができたという経緯を表現するため、論考を挟む形でお二人に文章を寄せてもらっています。

それぞれの論考について内容を紹介しておきましょう。

蛭間健悟「平家物語「実盛」の段を考える」
斎藤別当実盛は、平家物語のエピソードで、全国的に名前の知られた武将です。しかし、知名度に比して、実盛の歴史的な実態はほとんど取り上げられてきませんでした。それについて考察したのが本稿です。

栗原健一「大正期における妻沼聖天山の節分会」
妻沼聖天山は、年間を通して多くの行事があり、大勢の信者や観光客を集めています。その内の一つ、節分会の実態を当時の資料を使って明らかにしています。現在とは少し違う大正時代の節分会の様子を知ることができます。

森田安彦「妻沼地域の絵はがき」
観光地でもある妻沼では、昔から風景絵葉書が作られてきました。絵葉書は一種のメディアであり、現地の様子を遠方に知らせる機能を持っていました。本稿では、絵葉書に映っているものを解説することで、古い妻沼の情景を現在に蘇らせています。

仲泉剛「葛和田の繁栄　～葛和田河岸の復元的考察～」
葛和田河岸は、妻沼村よりも下流に位置しています。鉄道ができる前までは、繁華な場所として栄えていました。地域に残された古地図を元に、葛和田にどんな人が住んでいたのか、どんな場所だったのかを明らかにしました。

矢嶋正幸「明治四三年の大水害による妻沼の大変貌　～災害伝承碑から見る～」

近代以降最大ともいわれる明治四三年（一九一〇）の大水害は、妻沼地域にも大きな被害をもたらしました。妻沼地域には、災害の様子を伝える災害伝承碑がいくつも立っています。災害伝承碑を元に、被災地がどのように復興していったのかを見ていきます。

黛千羽鶴・矢嶋正幸「雑俳から見る妻沼低地の民俗と在村文化」

江戸時代から明治時代にかけて、妻沼地域の農村では頻繁に句会がおこなわれていました。明治八年（一八七五）の『妻沼歓喜天奉額』に記された雑俳をもとに、当時の年中行事や生活の様子を復元していきます。

どの論考も地域に根差した深い洞察に支えられたものになっています。妻沼には目で見て楽しめる建築物や行事などがあって、埼玉県を代表する観光スポットとなっています。しかし、本書を読んでからまた妻沼を歩いてみると、それまで見過ごしてきた地域の魅力にきっと気が付いて、妻沼がもっと好きになるはずです。本書が、読者の皆さんが妻沼の魅力を発見し、楽しむための一冊となることを願っています。

埼北文化研究会代表　矢嶋　正幸

『今につながる妻沼の歴史』――目次

第一章　平家物語「実盛」の段を考える

蛭間　健悟

はじめに

妻沼の聖天《しょうでん》さまを開いた「実盛公」―妻沼の人々にとって、平安時代末期の武将斎藤実盛は、現在でも尊敬され、親しまれる存在だ。この本のタイトルどおり、妻沼の人々の実盛への想いは、八〇〇年を越えて「今につながる」ものといえよう。

しかし、今に残る実盛の伝承は、そのほとんどが「史実」（実際にあったこと、起こったこと）ではない。その没後から現代までの長い年月に新たに創作されたものだ。この本の他のテーマは、江戸〜昭和時代のもので、現在でも史実を語る多くの歴史資料が残る。しかし、八〇〇年以上も経過した実盛生存時の史実を語るものは、残念ながらほとんど残されていない。ここでは、限られた歴史資料から、生前の実盛について考えてみたい。

一　史実の実盛と創られた実盛

1　全国に残る実盛の伝承

図1は、日本全国に残る実盛とその子供たちにかかわる史跡である。この図に記したのは、たまたま見つけることができたものだけで、実際にはもっと多くあるはずだ。実盛の本拠地があった妻沼周辺と生地である福井県に多いが、全国に万遍《まんべん》なく広がっている。実盛やその子供たちが、全国

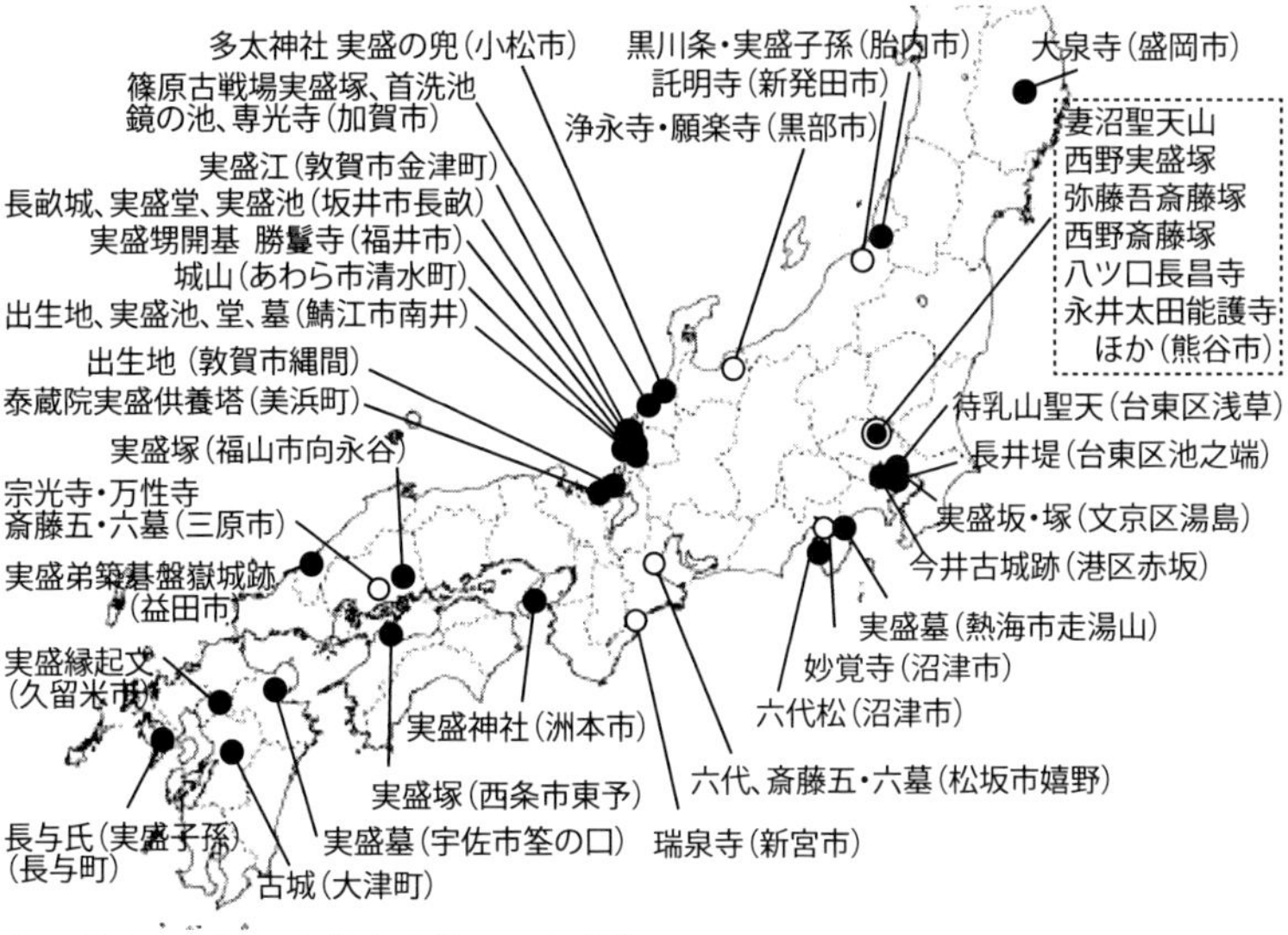

【図1】全国に残る斎藤実盛父子の史跡等

区で知られていることが分かる。

実盛の子、斎藤五・斎藤六兄弟についての史跡も多い。この兄弟は、『平家物語』で、平家最期の嫡流《ちゃくりゅう》（実際は違う）平六代《たいらのろくだい》に仕える若武者として、多くの場面に登場する。この六代を弔って斎藤五・六兄弟が創建に関わったとするお寺や史跡も多い。

しかし、こうした史跡・伝承から、実盛やその子供たちの史実を考えることは難しい。なぜなら、これらの多くが、実盛没後（しかも、その多くが江戸時代以降）に新たに創出されたものだからだ。もちろん、これらの史跡・伝承は、実盛がその地域で受け入れられ、長く人々に継承されてきたことを証明する重要な歴史資料だ。ただ、生前の実盛の足跡を考える上では、そのまま参考とすることは難しい。

2　実盛の史実を語る資料

では、実盛の史実を探るには、どのような歴史資料を見ればよいだろうか。

一番頼りになりそうな資料は、実盛が生きた同時代に作成されたもので、手紙や裁判の書類、日記といったものだ。しかし、実盛が書いたものも、実盛あてに書かれたものも、一つとして残っていない。文中に、実盛が出てくることとさえない。

次に参考になりそうなのは、没後あまり時を置かずに作成された編集物だ。これについては、鎌倉幕府の公式記録集である『吾妻鏡』に実盛が二か所だけ出てくるが、どちらもわずか数行の断片的な記事だ（1）。『吾妻鏡』は、北条氏が実権を握った時代に編集されたため、当然、北条氏が良く書かれる。源平合戦で、その敵方（平家方）だった実盛は、たいして取り上げられなかった。

【図 2】　斎藤実盛銅像（妻沼聖天山）

ほかには、実盛没後からあまり時をかけないで作成された文芸作品がある。ただし、文芸作品でも、室町時代に作られた能や江戸時代の歌舞伎の演目では、実盛の時代から数百年も時が経ってから創作されているので、史実を考えることは難しい。実盛の没後からあまり時を経ずに、その原型が作られた作品が必要となる。これについては、実盛は、この時代の武将としては豊富に資料が残っている。源平合戦を扱った『平家物語』や、保元の乱・平治の乱を扱った『保元物語』・『平治物語』などだ。

つまり、実盛の史実を考えるには、こうした文芸作品を積極的に使わざるを得ない。

3　平家物語「実盛」の段

ところで、実盛に関する文芸作品の中で、最も良く知られる話は、『平家物語』の「実盛」の段である。寿永二年（一一八三）に起こった篠原《しのはら》（石川県加賀市）の戦いで散った、実盛の最期が描かれる。

この話は、古くから人気があったらしい。室町時代には、篠原で実盛の亡霊が出たとの噂が流行り、これをもとに世阿弥が能の演目「実盛」を作った。また、江戸時代には、松尾芭蕉が、多太《ただ》神社（同小松市）に奉納された「実盛の兜《かぶと》」を見て、「むざんやな　甲《かぶと》の下の　きりぎりす」を詠んでいる。大正時代には、小学校唱歌となった。

現代でも、妻沼聖天山の境内には、この篠原の戦いに出陣する前に、髪と髭《ひげ》を筆で染める姿の実盛銅像がある。また、篠原から東に二㎞ほどの柴山潟《しばやまがた》のほとり、片山津《かたやまづ》温泉の近くには、実盛の首を洗ったとされる「首洗池」があり、討ち取られた実盛の首を抱いて泣く敵の大将木曽義仲らのモニュメントが設置されている。現在にいたるまで、実盛といえば、多くの人が思い浮かべるのはこの話だ。

そこで、ここでは、実盛の代名詞ともいえる『平家物語』の「実盛」の段を中心に話を進めることにする。まずは、この「実盛」

【図3】首洗い池モニュメント（石川県加賀市）
※左から実盛の首を抱く木曽義仲、手塚光盛、樋口兼光

の段を読み、物語の中の実盛について考える。さらに、この話をさまざまな面から見つめ直して、史実の実盛をどうにかして掘り起こしたいと思う。

なお、この本では、実盛の生涯を逐一追うことはできない。実盛について詳しく知りたい方は、『熊谷市史』通史編上巻の斎藤実盛の項をお読みいただきたい（2）。

二　『平家物語』と実盛

1　『平家物語』とは

『平家物語』を読む前に、『平家物語』とはどんな作品なのか簡単に触れておこう。

『平家物語』は、一一八〇年代前半に行われた源平合戦（3）の描写を軸に、平家一門の興隆と滅亡を仏教的な無常観を背景に描いた作品だ。作者は不明で、一三世紀前半には成立していたと考えられている。そこから、いろいろな話が派生したり、新たな話が加えられたり、内容が変更されたりした。そして、非常に複雑な過程を経て、さまざまな『平家物語』が生み出された。『平家物語』は一つではなく、いろいろな「諸本」が存在するのだ。これらは、大きな話の流れは同じだが、少しずつ違いがある。

諸本は、大きく二つに分けられる。一つは「語り本系」と呼ばれるもので、琵琶法師《びわほうし》の語りをテキスト化したものだ。我々が通常読んでいる『平家物語』は、語り本系の一つ「覚一本《かくいちぼん》」だ。もう一つは、読み物として書かれた「読み本系」で、「延慶本《えんきょうぼん》」、「長門本《ながとほん》」、「源平盛衰記《げんぺいせいすいき》」といった諸本がある。なお、この本では、原則として「覚一本」を取り上げ、それを補足するために違う本も使うこととする（なので、これ以降、特に断りのない場合は、覚一本の『平家物語』を指す。）

ちなみに、「実盛」の段は、どの諸本にもあり、細かい部分の違いはあるものの、大きな話の内容は違わない。しかし、「実盛」の段以外の実盛が登場するシーンについては、誌面の関係でここでは触れることができないが、諸本によって大きな違いを見せるものもある。

2　予言者　実盛

さて、この『平家物語』における実盛の特性について、昭和の歴史家・石母《いしも》田《だ》正《しょう》が興味深い考察をしている（4）。『平家物語』には、仏教の無常観から来る「運命」観が根底に流れる。文中にも、運命（天運、宿運とも表現される）という言葉が繰り返し使われている。人間の力のおよび得ないもの、歴史と人間の背後にあって動かしている漠然とした力を、運命という言葉で表現した。『平家物語』冒頭の文章を借りれば、奢《おご》れる者も、必ず滅びる運命にあるのだ。

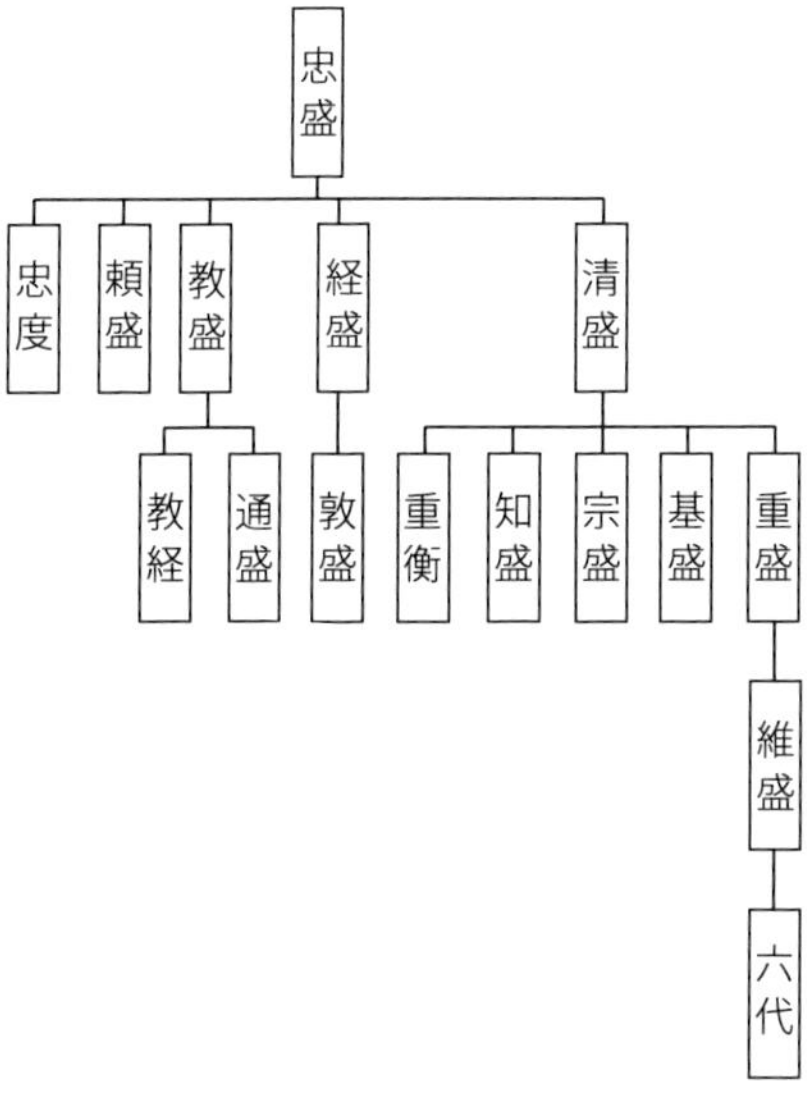

【系図1】　平氏系図

そして、作者の運命観を語らせる人物として描かれるのが、平知盛《ともの り》、平重盛《しげもり》、斎藤実盛の三人だとする。平知盛も重盛も平清盛の子どもで、運命には逆らうことはできないということを知っているような言動を取る。実盛も同様だった。さらに、『平家物語』の中の実盛は、未来を予見し、平氏の滅亡する運命を見通していた人物として設定された。その運命を知りながらも源氏に最後まで抗《あらが》うところが、面白さや哀《あわ》れさを生んでいる。

ところで、石母田正は、作者が実盛に先を予見する能力を持たせたのは、高齢であったためだとする。『平家物語』の中でも、「実盛は『故《ふる》い者』ゆえ、すでに知っていたのだろう」と語られている場面がある（「維盛都落《これもりみやこおち》」）。この時代、現代よりもずっと経験や先例が重視された。そして、人々の寿命は今よりもずっと短命だった。源平合戦に七十歳を超えて参戦する実盛は、その役を与えられるのにふさわしい人物だった。高齢者だからこそ持つ特殊な能力で、重要な役割を担《にな》わされたのだ。

3 「実盛」の段以外の登場シーン

では、実際に『平家物語』の「実盛」の段を読む前に、そのほかの実盛の登場する段を簡単に見ておこう。

①「富士川」—実盛の言葉で、平家軍を委縮させる

【話の概要】治承四年（一一八〇）、平家軍と源頼朝軍（実際は甲斐源氏軍）が、富士川（静岡県）を挟んで対陣する。平家軍の案内役として出陣した実盛は、大将・平維盛《これもり》の「源氏軍には、実盛ほど

の強い弓を引ける武士はどれだけいるのか」との問いに、「源氏方の東国武士はいずれも屈強な武士たちで、しかも土地にも詳しく、この戦いには勝てない」と答える。これにおびえた平家軍は、水鳥の羽音を夜討ちと勘違いし、一斉に敗走してしまう。

②「篠原合戦」―「実盛」の前段　平家方東国武士たちの覚悟

【話の概要】　寿永二年（一一八三）、敵の木曽義仲軍に対して平家軍が圧倒的劣勢に立つ中、篠原の戦いを前に、平家方の数少ない東国武士たちが酒宴を行う。

実盛は、皆に「敵方につこう」ともちかけ同意されるも、その中の一人が「敵に名を知られた我々が敵につくのは見苦しいので平家方で戦う」と発言する。すると実盛は、「実は皆を試したまでで、次の戦いで平家方と

【図 4】富士川
（明星大学所蔵『平家物語』絵本 巻五）
※水鳥の羽音で、平家軍が一斉に退去する。

【図 5】篠原合戦
（明星大学所蔵『平家物語』絵本 巻七 部分）
※東国武士たちが、戦いの前に酒宴を催している。

して討死しようと思っている」ことを述べ、一同は同意した。実際にみな討死することになる。

③「維盛都落《これもりみやこおち》」――息子の斎藤五・斎藤六を平六代《たいらのろくだい》警護のため都に残す。

【話の概要】篠原の戦いの後、義仲軍は京までのぼり、平家は都から落ちることになる。斎藤五・六兄弟は、平維盛に従っていた。維盛は、斎藤五・六兄弟に「お前たちの父・実盛が北陸に向かうとき、思うことがあると言って二人をあえて京に残した。こうなることを知っていたのであろう。」と語る。そして、維盛は、京に残す息子で平家最後の嫡流《ちゃくりゅう》（実際は違う）六代の警護を二人に託す。

以上の三場面である。いずれの場面でも、実盛はすでに平家が滅亡することを見通している。しかし、実盛は、その運命を知りながら最期まで平家に従い、さらには、息子たちまでが平家と運命を共にすることになる。

【図6】 維盛都落
（明星大学所蔵『平家物語』絵本 巻七）
※画面左に維盛と六代、庭に控える武士に斎藤兄弟がいる。

三　平家物語「実盛」の段を読む

では、実際に、覚一本『平家物語』の「実盛」の段を読んでみよう。この本では、現代語訳したものを掲載する。この段を三つのパートに分け、少し解説を入れてある。

最初に話の背景をごく簡単におさえておこう（詳細については後で取り上げる）。時は寿永二年（一一八三）六月、場所は篠原（石川県加賀市）、ここで大きな戦闘が起こった。実盛は平家軍（大将は平維盛《これもり》）として従軍、敵方の大将は源氏一族の木曽義仲だ。この場面の前に勝敗は決まっており、平家軍は大敗、すでに撤退を始めていた。

実　盛（5）

また武蔵国の住人、長井斎藤別当実盛は、味方はみな逃げて行ったけれども、ただ一騎引き返しては敵に当り、引き返しては敵に当りして防戦する。考えていることがあったので、**赤地《あかじ》の錦《にしき》の直垂《ひたたれ》に萌黄縅《もえぎおどし》の鎧《よろい》を着て、鍬形《くわがた》を打った甲《かぶと》の緒《お》を締め、金作《きんづく》りの太刀《たち》をさし、切斑《きりふ》の矢を背に負い、滋籐《しげとう》の弓を持って、連銭葦毛《れんぜんあしげ》の馬に、金覆輪《きんぷくりん》の鞍《くら》を置いて**乗っていた。木曽軍の方から、手塚太郎光盛がよい敵だと目をつけ、

「ああ感心な。どういう人でいらっしゃるので、あなた方の軍勢はみな逃げましたのに、ただ一騎残っていらっしゃるのか、すばらしいことだ。お名のりください。」

とことばをかけたので、

「そういうお主はどなたか。」

と実盛が答えた。手塚が、

「信濃国の住人、手塚太郎金刺光盛。」

と名のると。実盛は、

「さては互いによい敵だ。ただし、お主を見下げるわけではない、自分は考えることがあるので名のるまいぞ。寄って来い、組もう、手塚！」

と言って、馬を並べるところに、手塚の家来があとから急いで追って来て、主を討たせまいと間に入り、斎藤別当にむんずと組んだ。実盛は、

「あっぱれ、お前は日本一の剛の者と組もうとするのだな、おのれ。」

と言って、家来を捕えて引き寄せ、鞍の前輪《まえわ》に押しつけて首をかき切って捨ててしまった。手塚太郎は家来が討たれるのを見て、実盛の左手にまわって組みつき、鎧の草摺《くさずり》を引き上げて二刀刺し、弱るところを組みついて馬から落ちる。斎藤別当は、気だけは強くたけだけしいつもりだが、戦には戦い疲れているし、そのうえ老武者ではあり、手塚の下に組み伏せられてしまった。そこで、手塚は、遅れて追いかけるように出て来た別の家来に首を取らせた。


【解説1】実盛と手塚光盛《てづかみつもり》の戦闘の場面だ。二人が言葉を交わしたあと、戦闘に入った。実盛は、手塚の家来一人を討ち取ったが、手塚に組み伏せられ、ついに首を取られてしまう。なお、口絵1ページ上段「斎藤実盛と手塚光盛の戦闘」の絵は、この場面を描いたものだ（6）。

手塚光盛は、長野県諏訪市にある諏訪神社の神職・金刺《かなさし》氏の一族で、上田市手塚を本拠としていたとされる（7）。線を引いた部分は、実盛の装束を説明した部分だが、これについては後で詳しく触れる。二人はお互いに自らの素性《すじょう》などを大声で告げる「名乗り」を行う。これは当時の戦闘のルールで行わなければならないものだった。

鞍《くら》は、馬の背に載せ、人が乗るための馬具だ。前輪は、鞍の前側に半輪の形がついた部分で、馬上で組討ちする場合、実盛が行ったように、ここで相手の首を押さえつけて、さらには、締め殺したりした。草摺《くさずり》は、甲冑《かっちゅう》の胴から吊《つ》り下げられた、腰から太ももまでを覆《おお》う防具で、実盛は、これを引き上げられて刀で二回刺され、馬から落ち、組み伏せられてしまった。

手塚光盛は、木曾殿の御前に馳せ参じて、

「光盛はまことに奇妙な曲者《くせもの》と組んで討ち取りました。侍《さむらい》かと見ますと錦の直垂を着ております。大将軍かと見ますとあとに続く軍勢もおりません。名のれ、名のれ、と責め立てましたけれども、最後まで名のりません。ことばは関東なまりでした。」

と申し上げると、木曾殿は、

「ああ、これは斎藤別当であろう。それならば義仲が上野国《こうずけのくに》へ越えて行った時、幼目に見たところでは、白髪まじりであったぞ。今はきっと白髪になっているであろうに、鬢《びん》や鬚《ひげ》が黒いのはおかしい。樋口次郎は親しく付き合っていたので見知っているだろう。樋口を呼べ。」

といって樋口が呼ばれた。樋口次郎はただ一目見て、

「ああ痛ましい、斎藤別当でございました。」

と答えた。木曾殿は、

「それならば、今は七十も過ぎ、白髪になっているであろうに、鬢や鬚が黒いのはどうしてか。」

と言われると、樋口次郎は涙をはらはらと流して、

「そのとおりでございますので、そのわけを申し上げようと思いますが、あまりに哀《あわ》れで思わず涙がこぼれましたよ。弓矢を取る者は、ちょっとした所でも思い出になる言葉をかねがね使っておくべきでございますな。斎藤別当は私・(樋口)兼光《かねみつ》に向って、いつも話としてこう申しておりました。『六十を過ぎて戦いの場に向うようなことがあれば、その時は鬢や鬚を黒く染めて若々しくしようと思うのだ。その理由は、若い武者と競って先駆けをしようとするのもおとなげないし、また老武者だといって人にばかにされるのも口惜しいことだろう』と申しておりましたが、ほんとうに染めておりましたのですな。洗わせて御覧くだされ。」

と申したので、木曽殿は、

「いかにも、そうであろう。」

と言って洗わせて見られると、白髪になってしまった。


【解説2】手塚光盛が、大将の木曽義仲に実盛の首を見せている。大将が討ち取った首の確認を行い、その手柄を承認する「首実検《くびじっけん》」の場面だ。口絵1ページ目の下段「木曽義仲による実盛の首実検」の絵が、この場面を描いたものだ。

樋口次郎兼光は、義仲を母親代わりに育てた乳母《めのと》の実子＝乳母児《めのとご》にあたる。この時代、乳母が育てた主君と乳母児は非常に近い存在で、深い主従関係になった。樋口次郎も義仲の信頼のおける重臣の一人だった。この兼光と実盛は、親しい関係にあった。

鬢《びん》は、頭の左右側面の髪を指す。七十を過ぎていた実盛は、白くなった髪と髭を染めて出陣していたのだ。義仲と実盛の関係については後で考察する。なお、先に説明した妻沼聖天山の銅像は、出陣前に髪と髭を染める実盛の姿だ。また、石川県加賀市の首洗池にあるモニュメントは、この場面をモチーフにしている。

錦の直垂を着ていたことは、斎藤別当が最後の暇《いとま》を乞いに大臣殿（平宗盛《むねもり》）の御前に参って申すには、

「実盛一人のことではありませんが、先年東国へ向いました時、水鳥の羽音に驚いて、矢一本さえも射ずに、駿河国《するがのくに》の蒲原《かんばら》から京に逃げて参りましたこと、全くこのことだけが老後の恥辱でございます。今度北国へ向っては、きっと討死をいたしましょう。それにつけては、実盛はもと越前国《えちぜんのくに》の者でございましたけれども、近年ご領の職について武蔵国の長井に居住しておりました。事のたとえがございますな。故郷へは錦を着て帰れということがございます。錦の直垂をお許しください。」

と申したので、大臣殿は、

「殊勝な申し出である。」

といって、錦の直垂の着用をお許しになったということであった。

昔の朱買臣《しゅばいしん》は、錦の袂《たもと》を会稽山《かいけいざん》に翻《ひるがえ》し、今の斎藤別当は、その名を北国の地にあげたといえようか。肉体とは異なり朽ちることはないにしても、しょせんは空虚な名声だけをこの世にとどめておいて、身体は亡きがらとなって遠い北陸道の塵《ちり》となったのは心が痛むことであった。


【解説3】最後に、実盛が錦の直垂を着ていた理由、つまり、実盛と主君平宗盛についてのエピソードが語られる場面だ。この錦の直垂と実盛—宗盛の関係については、後に詳しく考える。蒲原（静岡市）は、富士川の西岸にあたり、先に説明した「富士川」の段で実盛が従う平家軍が在陣した場所だ。また、実盛が、越前（福井県北部）出身で、近年にご領＝平家領の職について武蔵国の長井（妻沼付近）に居住していたと語られる。平家領の職とは、長井荘《ながいのしょう》という荘園を管理していたことを指すのであろう。

朱買臣は、中国の前漢の人物で、貧しい家に生まれ、なかなか成功しなかったが、年を取ってから武帝に見いだされ、会稽太守《たいしゅ》に出世した。大器晩成のたとえにされる人物だ。最後に『平家物語』作者の想いが語られる。名は挙げたが、しょせんは空虚な名声で北陸道の塵となったと言い切る。『平家物語』の根底にある無常観がよく表れていよう。

四　実盛の装束を考える

1　八種揃《ぞろ》えの実盛の装束《しょうぞく》

『平家物語』の「実盛」の段を読んできたが、その世界を装束(=服装)に注目して少し見直してみよう。なお、ここで検討する実盛は、『平家物語』の中での実盛であり、史実そのままの実盛ではない。しかし、『平家物語』は、源平合戦の数十年後にはその原型がつくられたとされている。つまり、実盛が亡くなってから、わずか数十年後の人たちがイメージしていた実盛像を知ることができる。なお、実盛の装束については、国文学者の矢代和夫氏の研究があるので、この研究を頼りに見ていこう（8）。

まず、実盛の装束（21ページ「実　盛」強調部分）を列挙してみよう。なお、①②については後で詳しく解説する。

①赤地《あかじ》の錦《にしき》の直垂《ひたたれ》
②萌黄《もえぎ》縅《おどし》の鎧《よろい》
③鍬形《くわがた》打った甲《かぶと》（前側に金色の鍬《くわ》の形の飾りをつけた甲《かぶと》）
④金作《きんづく》りの太刀《たち》（金や銀で作った大きな刀）
⑤切斑《きりふ》の矢（鷲《わし》の尾で作った白黒まだらの矢）
⑥滋藤《しげとう》の弓（束《つか》の部分を漆で塗り、藤の木で巻いた弓）
⑦連銭葦毛《れんぜんあしげ》なる馬（丸い模様の入った灰色の毛の馬）
⑧金覆輪《きんぷくりん》の鞍《くら》（金で縁取《ふちど》りをした鞍《くら》）

八種類もの装束《しょうぞく》が記される。矢代氏によれば、八種類も描かれるのは、覚一本『平家物語』の中では、ほかに三例（足利忠綱、木曽義仲、平敦盛《あつもり》）しかないという。なぜ、実盛の装束が八種も記されるのかといえば、この話にとって装束が重要な意味を持つからだ。また、その一つ一つを見ると、いずれも高級なものであることがお分かりいただけるだろう。実盛のクラスにはふさわしくない、大将級の武将の装束だった。

2 「萌黄縅《もえぎおどし》」の鎧《よろい》の意味

続いて、萌黄縅の鎧について詳しく考えてみよう。縅《おどし》は、鎧を構成する小札《こざね》とよばれる小さな短冊状の板を結ぶための紐《ひも》で、この紐の色が全面に出ることになる。萌黄《もえぎ》は、鮮やかな黄緑色系の色だ。矢代氏によれば、萌黄縅の鎧を付けているのは、覚一本『平家物語』の中で十例ある。実盛以外は、二三歳の平維盛、二十歳の那須与一、一六か七歳の平敦盛など、若い武者たちが付けている。萌黄の色のイメージどおり、萌黄縅の鎧は若者が着るのにふさわしい装束なのだ。

実盛は、若武者に侮られないように、鬢《びん》や鬚《ひげ》を黒く染めて出陣した。萌黄縅の鎧も、実盛が若く見えるように着たものだった。しかし、今と感覚が違うとはいえ、七十過ぎの実盛が若者の鎧を着るのは、少しやりすぎな感じがしないだろうか。実は、覚一本より古くに成立したと考えられている延慶本《えんきょうぼん》の『平家物語』では、実盛の装束は黒糸縅の鎧と赤地の錦の直垂の二種しか記されない。実盛は、時代が経てば経つほど著名になっていくので、『平家物語』の実盛も、時代を追って脚色されていくことになる。この萌黄縅の鎧も、どこかの段階で付け加えられた、ちょっと行き過ぎとも感じられる脚色といえるのではないか。

3　「赤地《あかぢ》の錦《にしき》の直垂《ひたたれ》」から分かる関係性

この話の装束で、一番重要な意味を持つのが錦の直垂である。錦は、二色以上の色糸や金銀糸を使ってきれいな模様を織り出した高価な絹織物で、直垂は、鎧の下に着る衣服である。矢代氏によれば、覚一本『平家物語』で、実盛以外の人物が錦の直垂を着るのは十五例である。平家一族の平清盛・維盛・忠度《ただのり》・通盛《みちもり》、源氏一族の源行家《ゆきいえ》・義経・木曽義仲など、まさに大将級しか着ることができない衣装といえる。

この時代は、前例や階級が今よりもずっと大事にされた。その場や位にふさわしい格好をする必要があった。錦の直垂は、大将級の装束で、実盛クラスが着るにはふさわしくないものだ。実盛の装束は、錦の直垂以外も、大将にふさわしい格好だった。少し強引になってしまうが、現代で例えれば、自衛隊や軍隊の式典で、部下なのに一番偉い人の格好をして出席するようなものだろう。

実盛の主である平宗盛は、こんな無茶なお願いをしてきた実盛の願いを許したのだ。ありえない破格の待遇を受けたといえよう。ここで、『平家物語』の作者は、この平宗盛と斎藤実盛の深い関係を赤地の錦の直垂で表現したのだ。

五　史実の実盛を考える

1　実盛の出身

これまで、『平家物語』の中の実盛を見てきた。では、これらを踏まえて史実の実盛について考えてみよう。

まず、はじめに実盛の出身を押さえておこう。『平家物語』で語られるように、実盛は越前（福井県北部）出身だ。実は、この越前を含む北陸は、無数の同族の斎藤氏一族が広範に支配していた。なお、この北陸の斎藤氏については、浅香年木氏の重厚な研究があり（9）、これを頼りに話を進めることとする。

斎藤氏は、平安時代の軍事貴族で伝説的な武人である藤原利仁《としひと》を祖とする一族だ。利仁の次男叙用が斎宮《さいくう》頭《のかみ》（斎宮寮《さいぐうりょう》という役所の一番偉い役人）になったことから、斎宮頭の藤原氏＝斎藤氏を名乗るようになる。その子孫は、加賀（石川県南部）や越中（富山県）、越前に入り、その土地を治めるようになった。図7は、越前の斎藤氏一族の分布を表している。越

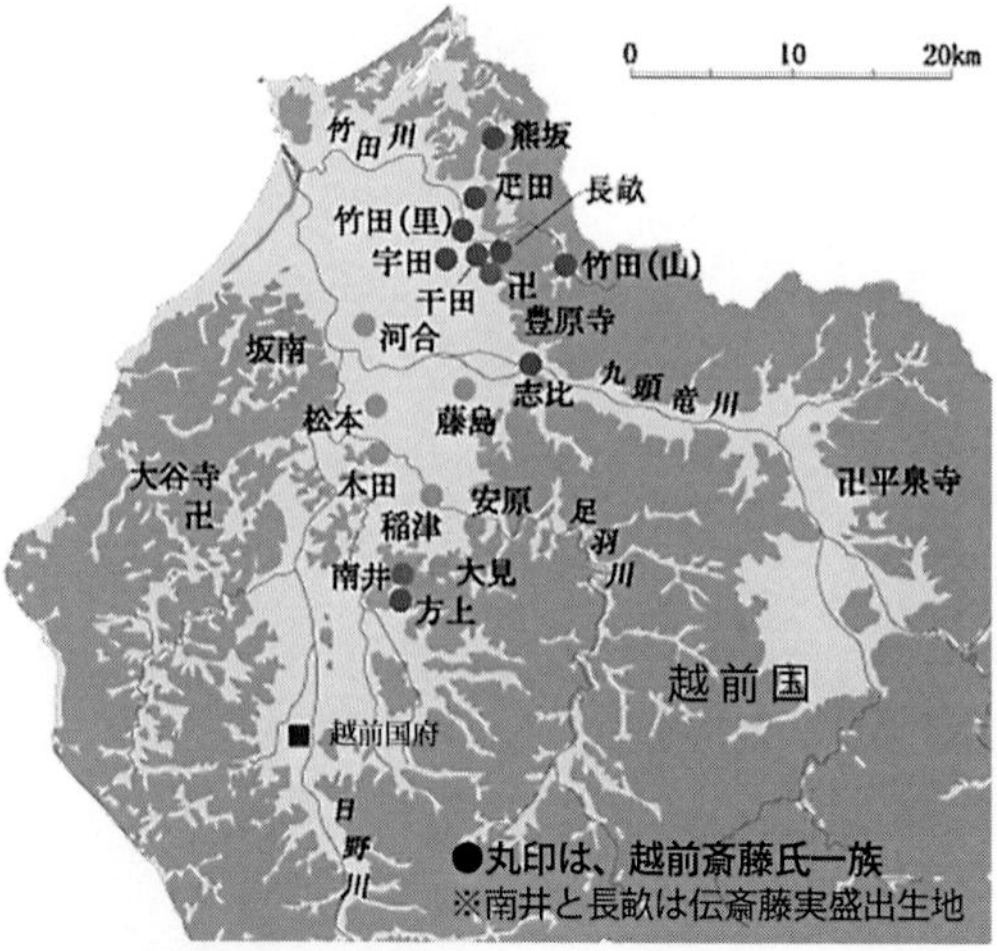

【図7】　越前斎藤氏の分布
（図説『福井県史』から抜粋、一部加筆）

前全体にわたって、非常に多くの斎藤氏たちがいたことが分かるだろう。この越前の斎藤氏を「越前斎藤氏」と呼ぶが、実盛はこの一族出身だ。また、越前だけでなく加賀や越中にも、同様に斎藤氏たちが満ちていた。

ところで、一二世紀中ごろ以降、越前斎藤氏から関東に下ってくる一族が出た。現在の東松山市内を治めた野本斎藤・押垂《おしだり》斎藤氏や梅林で有名な群馬県安中市秋間《あきま》の飽間《あきま》斎藤氏、そして、長井（現在の妻沼付近）に入った長井斎藤氏らだ。この中で、一番初めに関東に進出したのは長井斎藤氏で、実盛の代からと考えてよいだろう（もっと早い時代から長井に進出したとする説もあるが（10）、当時の状況や古い系図から考えると難しい）。

この関東の越前斎藤氏には特徴がある。通常、この時代の武士がその土地を治めると畠山氏や熊谷氏のようにその土地を名字にする。しかし、関東の越前斎藤氏は、地名＋斎藤氏を名乗った。当時、越前は都に近い良い土地で、後に語るように越前斎藤氏は名門の一族だ。この名字からは、関東の田舎武士とは違うのだという名門越前斎藤氏のプライドが見えるように思う。

2　北陸合戦の経緯

篠原の戦い前後の経緯をおさえておこう。源平合戦は、治承四年（一一八〇）から元暦二年（一一八五）にかけての六年間にわたる戦争である。このうち、寿永二年（一一八三）に北陸各地で行われた一連の戦いを北陸合戦と呼び、篠原の戦いもその一つである。

源平合戦と呼ばれるが、北陸合戦前後には、国内には四つの勢力が存在した。合戦直前の勢力範囲を確認すると、東北には奥州藤原氏、京都より西には平家、関東から東海にかけては源頼朝、そして、長野から北陸にかけては頼朝と同じ河内《かわち》源氏一族の木曽義仲が支配していた。河内源氏は、初めは一枚岩ではなく各勢力が拮抗していたが、頼朝が甲斐《かい》源氏や佐竹氏、足利氏、新田氏ら一族との争いに勝ち、次々と自らに服従させた。そして、頼朝の源氏一族最後の大きなライバルとなったのがいとこの木曽義仲だった。北陸合戦の二十八年前に、頼朝の兄義平が義仲の父義賢《よしかた》を討ち、その当時二歳であった義仲は木曽（長野県）に逃れていた。このとき、義仲を関東から木曽に逃がしたのが実盛だったとされる。

　さて、北陸合戦の二年前～翌年にかけた飢饉《ききん》の影響で、源平合戦は、しばらく大きな戦闘がない状態が続いていた。そうした中で、北陸で反平家の動きがあり、広がりを見せていた。また、義仲は木曽から北に勢力を伸ばし、ついに北陸の反平家軍と義仲軍は合流する。

　寿永二年（一一八三）四月、よう

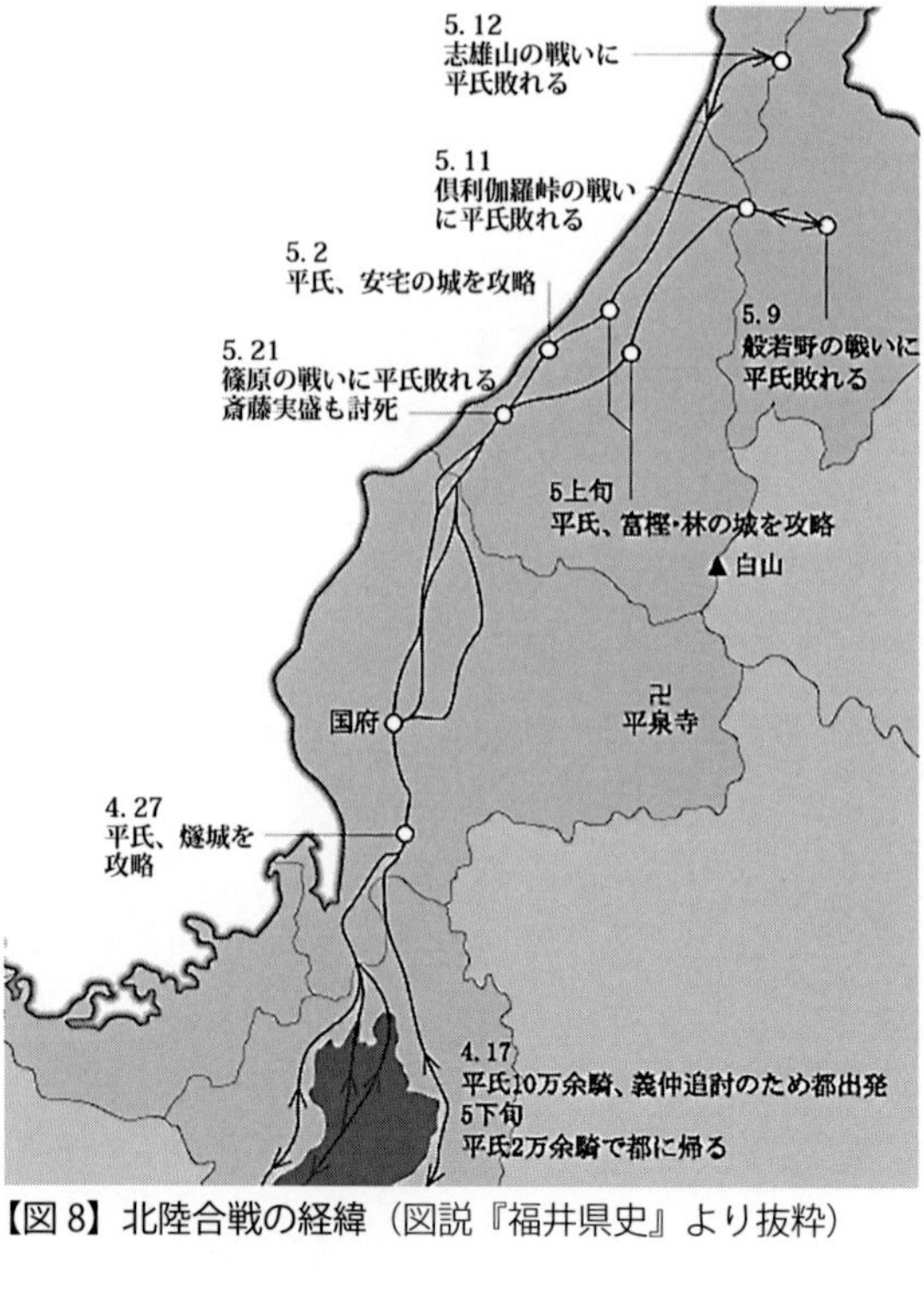

5.12
志雄山の戦いに
平氏敗れる
5.11
倶利伽羅峠の戦い
に平氏敗れる
5.2
平氏、安宅の城を攻略
5.9
般若野の戦いに
平氏敗れる
5.21
篠原の戦いに平氏敗れる
斎藤実盛も討死
5上旬
平氏、富樫・林の城を攻略
白山
平泉寺
国府
4.27
平氏、燧城を
攻略
4.17
平氏10万余騎、義仲追討のため都出発
5下旬
平氏2万余騎で都に帰る

【図8】北陸合戦の経緯（図説『福井県史』より抜粋）

やく平家は、平維盛《これもり》を総大将として北陸に鎮圧軍を派遣する。その軍勢は、『平家物語』では十万余騎（当時の貴族の日記では四万騎）とする大軍で、実盛も従っていた。当初、平家軍は連勝を重ね北進していたが、五月に石川・富山県境にある砺波山《となみやま》（倶利伽羅峠《くりからとうげ》）で大敗を喫し、谷は平家軍のおびただしい屍《しかばね》で埋まったという。六月、再び両軍が篠原の地で全面対決を遂げた。ここでも平家は完膚《かんぷ》なきまでに敗れ、京都に逃げていく。『平家物語』の「実盛」の段は、平家軍が敗走する中、ただ一騎踏みとどまって戦う実盛が描かれる。なお、この戦の後も、義仲は平家軍を追い、七月には平家を京都から撤退させ、ついに京都に入ることに成功する。

3　北陸合戦での実盛

では、以上を踏まえて、北陸合戦における実盛を考えてみよう。

まず、この戦いは、当然北陸各地に点在していた斎藤氏一族が巻き込まれていた。そして、越中・加賀の斎藤氏は、義仲方についた。しかし、越前斎藤氏は、平家軍と義仲軍に分かれることになる。これは、越前斎藤氏が持つ次の特性のためだった。

京都に近い越前に領地を持つ越前斎藤氏は、京都に上って、有力者（天皇や院、摂関家、源氏・平家の棟梁など）と個人的な主従関係を結ぶ者が多かった。そして、天皇の警固を担う滝口武士《たきぐちのぶし》や官《かん》職《しょく》（馬允《うまのじょう》、衛門尉《えもんじょう》・兵衛尉《ひょうえのじょう》など）を得ることができた。越前斎藤氏一族は、領地の規模からいえばそれほど大きくないが、関東武士でいえば、大武士団の畠山氏や三浦氏クラスの処遇を受けていた。その一族である実盛は、やはり京都に上り、源為義《ためよし》→源義朝《よしとも》→平宗盛《むねもり》という源平の棟梁《とうりょう》格に従っていた。源為義・義朝は、頼朝の祖父・父にあたる河内源氏の嫡流だったし、平宗盛は、清盛亡きあと平家のトップに立った人物だ。『平家物語』で「錦《にしき》の直垂《ひたたれ》」が語る宗盛―実盛の深い主従関係は、越前斎藤氏であることを考えれば、その信ぴょう性は高い。

この越前斎藤氏の特性は、北陸合戦では悲劇を呼ぶことになる。越前斎藤氏が、平家方と義仲方に分かれたのは、その個人的な深い結びつきが大きな理由だった。関係が深いので、どんな戦況になっても最後まで運命を共にすることになる。実際、ほかの斎藤氏よりも、北陸合戦での戦死者が多かった。宗盛と深い主従関係を持つ実盛もその一人で、ほかの東国武士と違い、最後まで平家に従った理由もこの関係の深さにあった。

ところで、実盛が、長井から離れた篠原の地で孤独に戦死したイメージになってはいないだろうか。そんなことはなかったと思う。この戦いは、敵も味方も斎藤氏一族であふれていた。平家の棟梁である宗盛に重用されていた実盛は、斎藤氏の中でも出世頭といってよいだろう。敵からも味方からも大注目を浴びながら、華々しく散っていったのだ。

4　源氏一族と実盛

最後に実盛と木曽義仲、源為義・義朝という河内源氏一族との関係を見てみよう。

『平家物語』諸本の一つ『源平盛衰記《げんぺいせいすいき》』では、久寿二年（一一五五）の大蔵《おおくら》合戦のとき、二歳の駒王丸（のちの義仲）の殺害を命じられた畠山重能《はたけやましげよし》（重忠の父）が、ちょうど武蔵に下ってきた実盛にその子を託した。実盛はその子を七日間預かっていたが、東国では命を狙われると思い、木曽の

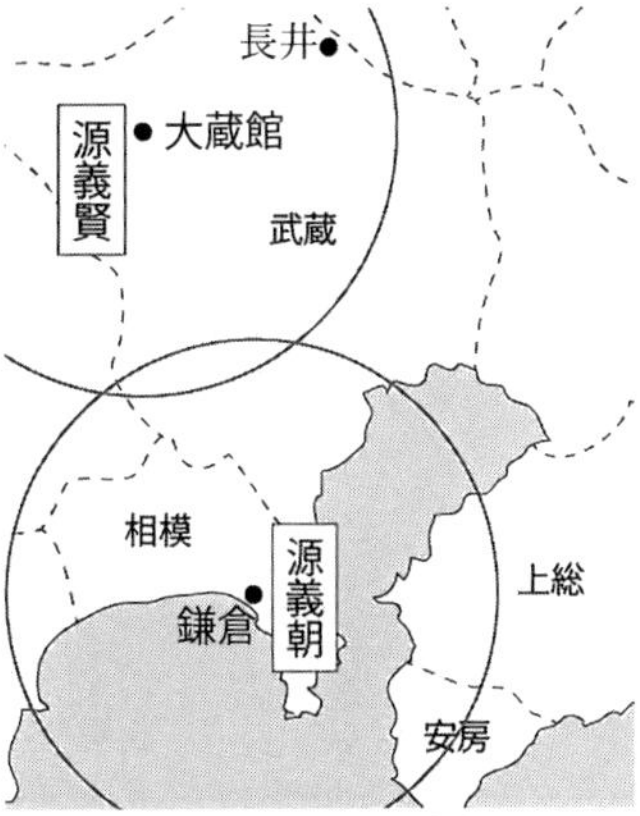

【図9】　大蔵合戦前の勢力図
図【1155年（久寿2年）武蔵・相模】（左大臣どっとこむ https://koten.kaisetsuvoice.com 平家物語・木曽義仲出自・大蔵合戦の項　最終閲覧日 2023年5月18日）に一部加筆して転載

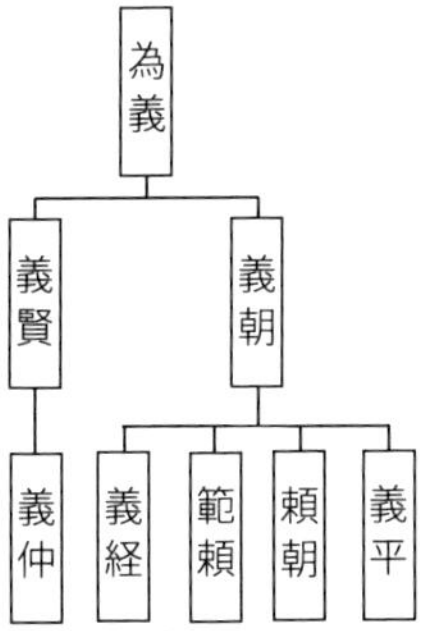

【系図2】　源氏系図

中原兼遠《なかはらのかねとお》（樋口兼光の父）に預けた、という話がある。しかし、それ以外の資料ではこの話はなく、兼遠が抱いて逃れたとするものもあり、その真偽は不明である。

この大蔵合戦の背景には、上野（群馬県）や北武蔵（埼玉県北部）から南をうかがう父・源為義と、相模（神奈川県）から北に進出する子・義朝の対立があった（図9参照）。両勢力は、大蔵館（嵐山町）で戦争を起こし、義朝方の義平が、為義方の義賢を滅ぼした。

この前後の実盛は、実は両者の間で微妙な位置にいた。もともと、実盛は、京都で源為義に従っていた。おそらく為義から長井の地をもらったのであろう。しかし、この戦いで、北武蔵は、為義から義朝の勢力下となった。事実、この翌年に起こった保元の乱では、実盛を含む武蔵の武士たちは、義朝の配下として戦った。為義は敵方にあり、戦後にわが子義朝によって首をはねられている。

この状況を考えると、大蔵合戦時に実盛が義仲を助けたかどうかは分からないが、もともと為義の家臣であった実盛が、義仲を何らかの形で支援することは十分に考えられる。『平家物語』の実盛と義仲の関係も、何らかの史実を反映した話と考えてよいだろう。

なお、三年後の平治元年（一一五九）の平治の乱で源義朝が討たれ平家の世となると、実盛はほかの関東武士と同じように平家方となる。この当時、そのときの政治状況によって主を変えるのは普通のことであった。最期まで平家に従った実盛のような例は珍しい。

おわりに

これまで、『平家物語』の「実盛」の段を読み、その背景を考えることで、歴史資料がほとんど残らない実盛の史実を見つけ出す試みを行ってみた。少しでも、新たな実盛像を感じてもらうことができただろうか。

最後に、妻沼と実盛の関係に触れて終わりにしようと思う。ここまで、越前武士としての実盛について多くを話してきた。しかし、長井斎藤氏を名乗るように、実盛の本拠地はあくまで長井（妻沼）だった。

この時代、深谷市東部から妻沼を含む熊谷市北部に及ぶ「長井荘《ながいのしょう》」という平家領の荘園が存在した。資料からは分からないが、この荘園を創設できるのは、平家と深い結びつきを持った実盛以外は考えづらい。実盛は、荘園内の他の武士と調整をはかりながら、現地の長官として長井荘を経営していたのであろう。

そして、この長井荘の平和を祈る総鎮守として、実盛によって妻沼聖天山の本殿・聖天堂が建てられたとされる。最近の調査では、聖天堂で実盛の時代の仏像も確認されている(11)。その聖天堂が、何度か再建され、江戸時代には現在の国宝歓喜院聖天堂が完成する。そして、今にいたるまで、妻沼の聖天さまは、妻沼の人々にとって生活の中心にある。実盛の足跡は、今も妻沼の人々に息づいているのだ。

註

1　『吾妻鏡』治承四年十二月十九日条、二十二日条
2　拙稿「斎藤実盛」(『熊谷市史』通史編上巻 第六章第四節) 二〇一八年
3　一一八〇年代前半の争乱については、源平以外の戦闘も含まれることから「治承・寿永の乱」等と呼ばれるが、ここでは、一般的によく使われる「源平合戦」と表記する。
4　石母田正「運命について」(『平家物語』岩波新書) 一九五七年
5　『平家物語』巻第七 (『日本古典文学全集』四六) の現代語訳を参考に筆者が加筆、修正した。
6　明星大学所蔵『平家物語』絵本 巻七 実盛最期
なお、この明星大学蔵本は、江戸時代前期の作と推定される (『物語絵画における武士―表現の比較研究と作例のデータベース化― 平成19・20年度科学研究補助金 (基礎研究 C) 研究成果報告書』二〇〇九年)。なお、同本は、明星大学のホームページにて公開されている。
7　「上田の荘園と武士」(『上田市誌』歴史編四) 二〇〇一年
8　矢代和夫「覚え書きノート (合戦装束の物語中に占める位置・形態・関係)」(『人文学報』一一七) 一九七七年

9　浅香年木『治承・寿永の内乱論序説 北陸の古代と中世2』法政大学出版局　一九八一年
10　奈良原春作『斎藤別当実盛伝：源平の相剋に生きた悲運の武者』さきたま出版会　一九八二年
11　熊谷市教育委員会編『熊谷市史調査報告書 仏像・仏画1』二〇二〇年

参考引用文献

浅香年木　『治承・寿永の内乱論序説 北陸の古代と中世2』法政大学出版　一九八一
石母田正　『平家物語』岩波文庫　一九五七
上田市誌編さん委員会・編　『上田の荘園と武士』上田市誌歴史編4　二〇〇一
熊谷市教育委員会・編　『熊谷市史』資料編二古代・中世　二〇一三
熊谷市教育委員会・編　『熊谷市史』通史編上巻　二〇一八
熊谷市教育委員会・編　『熊谷市史調査報告書』仏像・仏画1　二〇二〇年
奈良原春作　『斎藤別当実盛伝　源平の相剋に生きた悲運の武者』さきたま出版会　一九八二
福井県・編　『図説　福井県史』一九九八
古市貞次・校注・訳　『新編　日本古典文学全集』四六　小学館　一九九四
矢代和夫　「覚え書きノート（合戦装束の物語中に占める位置・形態・関係）」（『人文学報』一一七）
一九七七

山本陽子ほか『物語絵画における武士―表現の比較研究と作例のデータベース化―平成19・20年度科学研究補助金（基礎研究C）研究成果報告書』二〇〇九

図版協力

福井県立文書館
明星大学
左大臣プロジェクト運営委員会

第二章　大正期における妻沼聖天山の節分会

栗原　健一

はじめに

毎年二月三日は、節分である。節分といえば豆まきであるが、近年では、「恵方巻」と呼ばれる太巻きも流行している。太巻きは、恵方（吉をもたらすとされる方角で、干支によって毎年異なる）を向いて切らずにそのまま食べると、一年にわたり健康で過ごせ、願いが叶うとされる。大阪では、昭和一五年（一九四〇）には巻き寿司の売られていたことが確認されており、平成に入ってコンビニエンス・ストアにて販売され、全国化したという（小川直之二〇一八）。

そもそも節分とは何か。季節の変わり目を指し、立春・立夏・立秋・立冬の前日のことであるが、中でも立春の前日が重要視された。古代の朝廷儀式から鬼の追い祓いが行なわれ、室町時代からは豆まきなどもなされてきた（阿部泉二〇二二）。

江戸および近郊の年中行事についてまとめた斎藤月岑編『東都歳時記』でも、立春の前日として節分が紹介されているが、江戸時代は旧暦であったので、一二月の項に記されている。その説明をみてみよう（朝倉治彦校注一九七二）。

【史料1】『東都歳時記』一二月

○今夜尊卑の家にて熬豆《いりまめ》を散《うち》、大戟鰯《ひひらぎ》の頭を戸外に挿《さ》す。豆をまく男を年をとことといふ。今夜の豆を貯へて、初雷の日、合家是を服してまじなひとす。又今夜いり豆を己か年の員に一ツ多く数へて是を服す。世俗今夜を年越といふ。

これによると、各家では煎った豆をまき、ヒイラギに鰯の頭をつけて屋外に挿した。また豆をまく男を年男といった。この夜には、煎り豆を自分の年齢より一つ多く食べ、この夜を年越しといったとしている。旧暦では、一年の終わりの日が節分だったのである。現在の二月三日とは日程が異なっていた。この説明の後に『東都歳時記』では、亀戸天満宮追儺《おにやらい》の神事、雑司ヶ谷鬼子母神堂追儺《ついな》、浅草寺観音節分会などが紹介されている。

このような節分について、妻沼聖天山では、現代でも年中行事の一つとして盛大に行なわれている（コロナ禍では中止された）。しかしながら、妻沼聖天山の節分会については、歴史的な検討はあまりされてこなかったように思われる。そこで本稿では、「今につながる妻沼の歴史」として、妻沼聖天山の節分会について二つの視点から歴史的にその様相を明らかにしたい。二つの視点とは、すなわち参加者からの視点と運営者からの視点である。なお、検討する時代としては、比較的史料のまとまって遺されている大正期を中心にみていきたい。

一　妻沼聖天山の概要

1　国宝　歓喜院聖天堂

妻沼聖天山は、歓喜院の寺伝によると、治承三年（一一七九）に斎藤実盛の守り本尊の大聖歓喜天を祀って長井荘の総鎮守としたことにはじまるとされる（熊谷市教育委員会編二〇一六）。聖天堂は、火事などの被害で何度か再建されてきたとされるが、現在の建物は宝暦一〇年（一七六〇）に完成したものである。大工棟梁は林兵庫正清で、再建を企画して職人たちを集め、集金まで行なった。工事は、寛保の大水害などにより中断を余儀なくされ、大工棟梁の正清も死去し、子の正信が大工棟梁を引き継いで、色鮮やかな彫刻で埋めつくされた壮麗な建物を完成させた。工事開始から二五年後のことである。聖天堂は、榛名神社社殿（現、群馬県高崎市）など、後の北関東の建築へ大きな影響を与えたとされる。また、この建物は妻沼地域を中心とした庶民たちの出金に拠ったものであったことに特徴がある。

この歓喜院聖天堂は、修復工事を経て平成二四年（二〇一二）に国宝指定された。享保二〇年（一七三五）から宝暦一〇年（一七六〇）にかけて林兵庫正清・正信らによって建立され、彫刻技術の高さや漆の使い分けなどの高度な技術から、近世装飾建築の頂点をなす建物と評価されている。また民衆の力によって成し遂げられた点からも、文化史上高い価値を有するものとされている。「江戸時代建築の分水嶺」ともいわれ、江戸後期装飾建築の代表例とされている。歓喜院聖天堂の国宝指定は、建造物としては埼玉県初の国宝で、熊谷市としては初の国宝指定であった。

この他、妻沼聖天山の建築には、国重要文化財の貴惣門がある。嘉永四年（一八五一）に林正清の子孫である林正道によって完成され、全国に四例しかない特殊な屋根の形（三つ重なる破風《はふ》）をもった建築である。門には、熊谷市指定文化財の中門（江戸時代初期の建築）、仁王門（明治二七年〈一八九四〉再建）があり、仁王門の仁王像からは万治元年（一六五八）の胎内札が確認されている。他にも、五社大明神（天明三年〈一七八三〉の竣工）、天神社（天明五年〈一七八五〉の竣工）、荒神社（天明七年

〈一七八七〉の竣工）、閼伽井堂（江戸時代後期の建築カ）、籠堂（明治一二年〈一八七九〉の竣工）、鐘楼（宝暦一一年〈一七六一〉竣工）など、数々の名建築が伝存している。

また、建築以外にも妻沼聖天山には多くの文化財がある。秘伝本尊錫杖頭（国指定重要文化財）、「紵絲斗帳」（埼玉県指定有形文化財）、暦応二年（一三三九）の「鋳銅製鰐口」（埼玉県指定有形文化財）、永禄八年（一五六五）の銅製仏供杯、寺門静軒筆「妻沼八景の詩画幅」（熊谷市指定文化財）などが挙げられる。

2　妻沼聖天山の年中行事

ここで、妻沼聖天山における現代の年中行事について、概観しておこう（熊谷市教育委員会編二〇一四）。

〔一月〕　元旦　　初詣
　　　　～七日　　新年特別祈祷
　　　　一八日　　聖天様の初縁日
〔二月〕　三日　　節分（年男豆まき）
　　　　一五日　　涅槃会
〔三月〕　第二土・日曜　　浴油万人講
　　　　一八～二四日　　春彼岸
　　　　二一日　　正御影供
〔四月〕　一八～一九日　　春季大縁日（聖天山の春祭り）

〔五月〕　二四日　摩多利神社春季祭礼
　　　　八日　花まつり
　　　　二一日　実盛忌法要
〔七月〕　二〇～二六日　土用特別祈祷
〔八月〕　一三～一六日　お盆（盂蘭盆会）
〔九月〕　二〇～二六日　秋彼岸
〔一〇月〕　一八～一九日　秋季大縁日（聖天山の秋祭り）
　　　　二四日　摩多利神社秋季祭礼
〔一一月〕　一五日　七五三祈願祭
〔一二月〕　八日　成道会
　　　　二二日　星祭厄除祈願祭
　　　　大晦日　除夜の鐘

妻沼聖天山では、元旦の初詣にはじまり、大晦日の除夜の鐘まで、毎月のように行事があることを確認できる。節分は、毎年二月三日に行なわれ、篤信者（信仰のあつい人）や講中有志の者たちが年男として奉仕をし、参詣者へは豆まきが行なわれている（【写真1】）。

また、妻沼の住民への聞き取り調査では、節分について次のような内容が紹介されている（熊谷市教育委員会編二〇一四）。

＊煎った豆を一升桝に入れ、家の戸障子を開け放し、神棚、仏様、床の間、お勝手、便所などに、

【写真1】現代の妻沼聖天山節分会（熊谷市教育委員会編 2014）

大声で「福は内、鬼は外」といい、豆をまく。外へ出て、ウジガミサマ、クルワの稲荷様、聖天様、大我井神社に行き、豆まきをする。残った豆は福茶としてのみ、残りを保存しておき、初雷の時に雷除けとして食べる（妻沼池ノ上）。

＊聖天様の五人講で順番に代参し、お札と福豆を請けてきて分配する（妻沼上町）。

＊聖天様の節分講に参り、お札と福豆をいただき神棚に供える。焼いたイワシの頭をヒイラギの枝に挿し玄関脇にとりつける。夜、福豆で豆まきをする。家族は自分の年だけ豆を食べ、豆の入った福茶をいただく（妻沼仲町）。

このように、妻沼の住民たちにとって、節分という行事は、いくつかのかたちがみられるが、妻沼聖天山とは切っても切れない関係にあるといえよう。

それでは、大正期における妻沼聖天山の節分会はどのようであったか、具体的にみていきたい。

二　節分会への参加―飯塚岱蔵の場合

1　飯塚岱蔵とは

現在の深谷市江原に飯塚家という旧家があり、その家の文書群が伝存する（埼玉県立文書館保管飯塚家文書）。飯塚家の歴史については、近世後期の天保期（一八三〇～一八四四）以降が明らかにされているが（埼玉県立文書館編二〇一六）、それをもとに当主だった飯塚岱蔵について紹介しよう（【写真2】）。

飯塚家は、江戸時代から藍玉商を経営し、文久二年（一八六二）発行の「武州自慢鑑藍玉力競」という番付に「飯塚雄（勇）八」の名前が確認できるほど藍玉を商っていた。岱蔵は、勇八の長男として、安政三年（一八五六）に生まれ、明治二六年（一八九三）に父の勇八が隠居すると、岱蔵が家を相続する。大正九年（一九二〇）には西武蚕業改良組合から産繭取引の成績が優良であるとして表彰されている。詳細は不明であるが、藍玉生産から養蚕業へと家業の転換を図ったようである。また、岱蔵は議員としても活動していく。明戸村会議員となり、明治四四年（一九一一）から大正八年（一九一九）まで埼玉県会議員を勤めた（政友会所属）。その後、大里郡会議員も勤め、大正一二年（一九二三）にはその功績を表彰されている。

【写真 2】　飯塚岱蔵
（『飯塚家文書目録』掲載写真）

その後、昭和六年（一九三一）に岱蔵は没した。享年七六。

なお、岱蔵には、勇蔵という子があった。明治一一年（一八七八）に生まれている。勇蔵は明戸村長を勤め、昭和一六年（一九四一）に没している。岱蔵と同じように、政治の世界で活躍した。

この飯塚家に遺された文書群の中に、妻沼聖天山の節分会に関するものがあるので、続いてみてみよう。

2　案内状と参拝券

飯塚家文書の中に、「聖天山節分会」から「本郡明戸村江原　飯塚岱蔵殿」へ宛てた書状がある。史料を掲げよう。

【史料2】埼玉県立文書館保管　飯塚家文書一七五五―一

謹　啓

来弐月四日午後壱時於聖天堂、例年ノ通り節分豆まき式挙行致候間、御参拝被成下度候段御案内申上候也

大正十三年一月廿八日

妻沼町
歓喜院
節分会

飯塚岱蔵殿

大正一三年（一九二四）一月二八日に妻沼町の歓喜院・節分会から飯塚岱蔵へ宛てた書状である。来たる二月四日午後一時から妻沼聖天堂において、例年の通り「節分豆まき式」を開催するので、その参拝案内である。「二月四日」というのは、暦の関係で立春の日が二月三日となり、節分の日も「二月三日」ではなく、「二月四日」になったものと思われる。妻沼聖天山では、午後一時から聖天堂で「節分豆まき式」が行なわれる。「例年ノ通り」とあるので、毎年行われている行事であることがうかがえる。

この案内状が入った封筒には、大正一三年（一九二四）節分会の参拝券（飯塚家文書一七五五―二、【写真3】）も同封されていた。特に記名などはないが、案内状と一緒にあったことから、お札と豆などとの引換券ではなかろうか。前述したように、現代でも「五人講」などを通じて、妻沼聖天山からお札と福豆を受け取っている様子が確認できる。このような案内状および参拝券は、大正一二年（一九二三）のものも遺されている（飯塚家文書二三四八）。

3　礼状

この大正一三年（一九二四）ではないが、飯塚家文書には節分会参拝への礼状が遺されている。史料をみてみよう。

【史料3】飯塚家文書八六二一

拝啓　去四日聖天堂節分豆まき式は多数の参拝者有之、非常の盛況を呈し候は全く各位之御尽力に依るものと感謝之念に不堪候

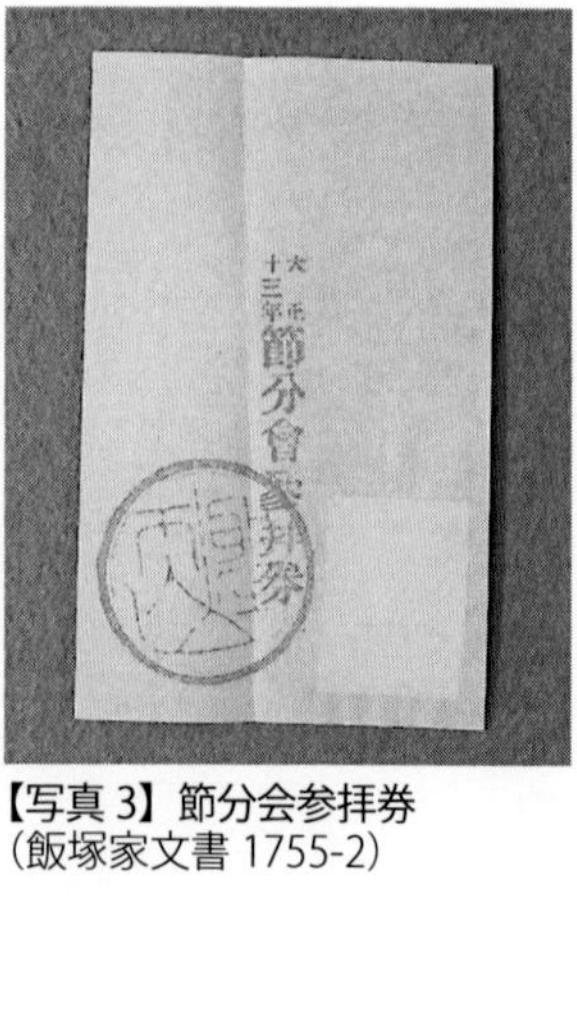

【写真3】節分会参拝券
（飯塚家文書 1755-2）

尚、将来の御尽力を御支度聊か蕪辞を呈して御礼の意を表し候、敬具

妻沼町

大正参年弐月十二日

聖天山歓喜院

同　節分会

これは、大正三年（一九一四）二月一二日付で聖天山歓喜院と聖天山節分会が連名で出したお礼状で、葉書にガリ版で刷られたものである。宛名はないが、飯塚家文書に遺されていたことから、岱蔵へ宛てられたものであると考えておきたい。この大正三年（一九一四）も二月四日に「聖天堂節分豆まき式」が行なわれ、多数の参拝者もあって大変盛況に終わったことに感謝している。節分会の八日後にお礼状が出されたことになる。

4　東京からの来客

飯塚岱蔵へ宛てた葉書の中に、次のようなものがある。史料をみてみよう。

【史料4】飯塚家文書四四六〇

拝啓、今回節分会に就ては御世話様に相成、且又大勢参上仕り御厄介に相成難有存候、尚定喜に御土産物頂戴仕り忝く存候

右御厚礼申上候

親戚菓子屋にて小僧入用に候間、十歳の子供早速御遣はされたし

これは、明治四五年（一九一二）二月九日付けで、東京芝区芝口（現、東京都港区新橋・東新橋）橋

本善吉から飯塚岱蔵（埼玉県大里郡明戸村字江原）へ宛てた葉書の文面である。今回の節分会では、橋本善吉たちは大勢で参上して、飯塚岱蔵に御厄介となったことに対して、お礼を伝えている。岱蔵からは土産物を渡していたこともわかる。この節分会とは、妻沼聖天山のものであろう。東京からも来客があったことになる。

この他にも、橋本善吉からは、三年一月二九日の消印（大正三年のものだろう）がある書状では、節分会に際して宿泊を手配してくれたことに対するお礼が記されたものも確認できる（飯塚家文書八六六五五）。橋本善吉は、複数年にわたって妻沼聖天山の節分会に参加していたのではなかろうか。

さて、この橋本善吉とは、どのような人物であろうか。東京新橋で天ぷら屋の老舗などを経営した商売人であった（名古屋大学大学院法学研究科『人事興信録』データベース）。芝区芝口一―一という住所も一致する（飯塚家文書八六六五五）。橋本善吉は、天保一四年（一八四三）二月生まれで、明治五年（一八七二）に家督を相続し、「橋善」という天ぷら屋とともに、「新橋館」という旅館業を兼営した（旅館兼割烹業）。「橋善」は天丼ルーツの店ともいわれ、有名である。

飯塚岱蔵と橋本善吉との関係については、詳細が不明であるが、飯塚家文書に遺された善吉の書状・葉書から、断片的ながらうかがえよう。善吉からの書状・葉書は、明治二六年（一八九三）から昭和五年（一九三〇）にかけて一〇〇通以上が確認できる。その用件は、マグロなどの魚送付のお知らせや、ネギなどの野菜を受領したお礼状が多い。また、奉公人や洗濯女の紹介状などもある。一方で、善吉孫の死去や法要の通知など、不祝儀に関するもの、洪水などの災害の様子を心配するものなど私的なものもある。さらなる検討は、今後の課題としておきたい。

三　節分講という組織――青木清太郎の場合

妻沼聖天山の節分会については、講が組織されていた。前述した妻沼の住民への聞き取り調査にもあったように、現代でも確認できる。「聖天山節分講」（活版）という四つ折りの史料がある。そこには、「聖天山節分講規約」が冒頭に記されているので、史料として掲げよう。

【史料5】埼玉県立文書館保管　青木家文書九八八〇

聖天山節分講規約

◎一講ノ人員ヲ五人以内トシ代表者一人毎年参拝スルヿ
◎講金ハ一講ニ付金五拾銭トス
◎講員ニハ御守福豆ヲ、代表者ニハ御札御供物ヲ授与ス
◎講中ハ毎年一周日以前ニ代表者ノ姓名ヲ聖天山ニ通知シ当日迄ニ講金ヲ納入スルヿ

已上

これによると、節分講の規約では、一つの講の人数は五人以内として、代表者の一人が毎年参拝する。講金は一つの講につき金五〇銭とし、講員には御守・福豆、代表者には御札・御供物が授与された。講中は、毎年節分の一週間前までに、代表者の姓名を聖天山へ通知し、当日までに講金を納入することとされた。

この文書には、規約の次に講員姓名として「中町　青木清太郎㊞」という一名だけの署名がされ、（「中町」についてはよくわからない）、「納金五十銭　大正三年分相済」という朱印が押されている。

大正三年（一九一四）分として、青木清太郎が一人で「一講」分の金五〇銭を納金していることがわかる。

この青木清太郎は、現在の熊谷市下奈良の青木家の当主であった（【写真4】、埼玉県立文書館編二〇一九）。青木家は葉草郭の一家で、江戸時代に旗本朝比奈氏知行の名主役を勤めた。清太郎の祖父は九代目吉右衛門（吉太郎）で、父は一〇代目吉右衛門（丑五郎）であった。丑五郎は、天保七年（一八三六）の生まれで、大正元年（一九一二）に没しているが、下奈良村連合戸長などを勤め、明治二九年（一八九六）から同三一年には大里郡会議員を勤めた。

【写真4】青木清太郎（青木家文書 8962）

清太郎は、文久三年（一八六三）の生まれで、昭和一六年（一九四一）に没した。下奈良村の消防団組頭取を勤めた後、明治三六年（一九〇三）から同四〇年、大正六年（一九一七）から同一四年の二回にわたり奈良村長を勤め、その他に村会議員や区長など歴任している。生業としては、明治三〇年（一八九七）前後から養蚕業に着手し、朝鮮から牛を購入して放牧も行なうなど多角的な経営を展開した。この史料は、清太郎が奈良村長を勤めた一回目と二回目の間の時期に当たるものである。

なお、飯塚家文書にも、未記入であるが、「聖天山節分講」（活版）が二点遺されている（飯塚家文書二九〇五・六三五二）。このことからも、ある程度の節分講の広がりをうかがうことができよう。前述したように、現代でも妻沼聖天山の節分講は続いており、少なくとも一〇〇年以上は継続してきた歴史的なものである（もっと古いものであろう）。

また、前掲の「聖天山節分講」（活版）という史料（青木家文書九八八〇）には、「星供守護」のお守りが一緒になっていた（【写真5】）。星供とは密教で息災・増益・延命などのために、本命星および当年星をまつって供養するものである。真言宗寺院では、正月・冬至・節分に行なわれ、星祭りといわれる。大正期の節分会においても、お守りとして「星供守護」のお守りが授与されたものであろう。

【写真5】当年星供守護
（青木家文書 9880）

四　会計簿からみた節分会

これまで参加者からの視点で、妻沼聖天山の節分会についてみてきた。次に、運営者からの視点でみてみよう。

「節分会計簿」（埼玉県立文書館保管　茂木家文書二五六八）という「聖天山」の罫紙に記載された帳簿が遺されているが、その伝来の経緯は不明である。茂木家は妻沼で明治以降に郵便局長をしていた家であるが、何らかの理由で大正期において節分会の会計を担当していたのではないかと考えられる。具体的な検討は今後の課題としておきたい。

それでは、「節分会計簿」をみてみよう【写真6】。まず、大正一三年（一九二四）における節分会の会計を【表1】にまとめた。これによると、収入は年男からの納金が一五六円とあり、収入の約五〇・二％にあたる。年男とは、その年の干支にあたる男子のことであろう。また、節分講からの金額が一一八円余で、それに続く収入金額である。前述した青木清太郎の場合でみたように、節分講規約で講金は一講あたり五〇銭とされているが、大正一三年（一九二四）は二三七講からの講金が合計一一八円五〇銭で規約内容と合致する。節分講が機能していたことを確認できよう。財布とは「福財布」のことで、節分会において売られており、その納金にあたる。以上、収入は三一一円余だった。

続いて支出をみてみると、細目が詳しい。支出の約二六・一％を占めるのは、年男への御札・酒肴料であり、歓喜院へ納められた。収入にあった納金した年男の人数五二名と合致する。年男は、納金して御札をもらい、酒肴を振る舞われたのである。

次に多い支出は、財布六〇〇袋の仕入れ代金である。収入のところでは一八四袋が計上されており、一部配布されたものなどもあるのかもしれないが、かなり在庫が残ったことになる。その後の会計状況

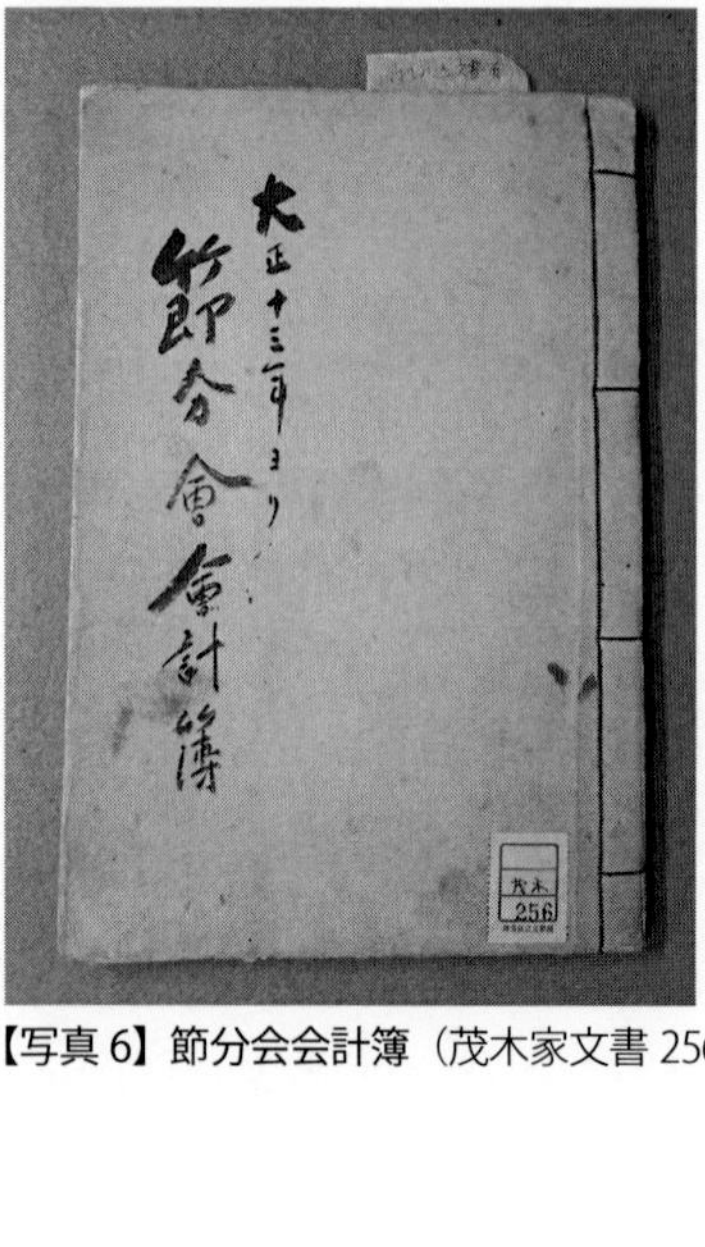

【写真6】節分会会計簿（茂木家文書256）

収入	費目	支出	費目
115円	講金230講分	15円	臨時灯工費及照灯料
3円50銭	講金7講分	51円75銭	人足賃（34人半分）
156円	年男52人分	30銭	荷車羽代
36円80銭	財布184袋代	63円	財布600代（小池慎太郎へ）
		5円	烟火料（三沢氏へ）
		11円20銭	万灯2本
		10円70銭	進物用風呂敷40枚・手拭1本
		15円	寿し60折
		27円50銭	桝50個（中川周作へ）
		1円80銭	広告貼人夫代（中島初太郎へ）
		80銭	広告料込手数料800枚
		18円84銭	節分会袢纏6枚分
		2円80銭	酒2樽（騎崎屋へ）
		3円	年男勧誘謝礼（林良作へ）
		104円	年男52人御礼・酒肴料（歓喜院納入）
		35円55銭	237講御礼・供物奉納
		20円84銭	通帳〆高
		5円	キヤリ人夫へ祝儀
		4円30銭	節分広告1000枚代（弘文舎へ）
		3円60銭	豆9斗煎り賃（橋上商店へ）
311円30銭		399円98銭	

▲88円68銭

【表1】大正13年の節分会会計
出典：茂木家文書256（大正13年「節分会会計簿」）

をみると、数年間仕入れはしていないようなので、在庫を毎年販売してきたものと思われる。

また、節分講への御礼も支出されており、御札と供物の代金である。収入で講金を納めた二三七講と合致する。節分講規約にあったように、御札と供物が授与されたのである。豆も支出に計上されており、豆まきや配布用に使われたのであろう。

その他、支出項目をみていくと、広告に関するものが目立つ。広告が一〇〇〇枚印刷され、新聞店を経由して広められ、人夫を使って貼り出しもなされたようである。支出項目から推測することができよう。

それから、桝五〇個が計上されており、豆まきに利用したものであると考えられる【写真7】。また、節分会の袢纏《はんてん》も六枚分が計上されており、関係者が着たものであろ

【写真7】節分関係写真、明治38年頃（熊谷市教育委員会編 2016）

う【写真8】。そして、「寿し」が六〇折計上されているが、「聖天寿司」であろう。昭和三年（一九二八）の支出には「森川スシ」という具体的な記載も確認できる。なお、丸括弧内は支払い先で、多くが妻沼地域の人々であったものと考えられる。林良作は、聖天堂を建てた大工棟梁林兵庫の子孫である。

続いて、節分会の収支会計について【表2】にまとめた。これをみると、大正一三年（一九二四）から昭和九年（一九三四）までの収支金額がわかる（昭和二年は帳簿に記載なし）。単年収支では赤字の年も目立つが、どのように補填していたかなどは不明である。全体を合計しても赤字である。収入は三〇〇円前後で推移するが、次第に減額しているようである。支出も三〇〇円前後で推移しているが、年によっては四〇〇円から六〇〇円近い金額の年もある。金額の多い年には、福財布を仕入れている年にあたり、その点も影響しているものと思われる。

【写真 8】節分関係写真、大正頃（熊谷市教育委員会編 2016）

年	収入	支出	単年収支
大正13年	311円30銭	399円98銭	▲88円68銭
大正14年	331円20銭	309円	22円20銭
大正15年	326円	313円13銭	
昭和2年			
昭和3年	385円20銭	572円80銭	▲187円60銭
昭和4年	371円50銭	328円69銭	44円81銭
昭和5年	329円50銭	287円50銭	42円
昭和6年	281円12銭	267円42銭	11円70銭
昭和7年	206円45銭	228円90銭	▲ 22円45銭
昭和8年	198円96銭	204円56銭	▲ 7円60銭
昭和9年	170円	170円	0円

【表 2】各年の節分会収支会計
出典：茂木家文書 256（大正 13 年「節分会会計簿」）

おわりに

以上、現在でも行なわれている妻沼聖天山の節分会について、大正期における様相をみてきた。最後にあらためて、まとめておこう。

まず、妻沼聖天山の概要を確認した上で、大正期においても節分会の「豆まき式」が開催されており、具体的な参加例を明らかにした。江原の飯塚岱蔵の場合には、案内状・参拝券が届き、それにもとづいて参加したものと思われ、終了後には礼状も出されていた。一連の文書の流れをみることができよう。

また、飯塚岱蔵の例を通して、東京から来客があったことも確認した。妻沼にやって来て、泊りがけで節分会を楽しんでいたものと考えられる。客人は東京新橋にある「橋善」という天ぷら屋の経営者であった。飯塚家との頻繁な書状のやり取りは確認したが、その関係の解明は今後の課題としておきたい。

もう一人の参加例として、下奈良の青木清太郎の場合を取り上げた。清太郎は、節分講を通して参加しており、その文書などをみた。節分講は規約を定めており、一講は五人以内とされていたが、清太郎は一人で講金五〇銭を出していた。青木家を代表していたのであろう。

しかし、これらの参加例は、いずれも議員や村長などの一部の特別な例とも考えられる。本稿では、紹介した民俗編の聞き取り（熊谷市教育委員会編二〇一四）のような、大正期における妻沼住民の参加の様相を文献史料で確認することができなかった。この点は今後の課題としておきたい。さまざまな立場の人々が節分会に参加する様相を追うことで、妻沼聖天山の節分会がどのように受容されていたかをみることができよう。

続いて、遺された「節分会計簿」をひも解き、妻沼聖天山の節分会について、具体的な金銭の収支を確認した。全体的には、赤字で計上されていた。収入は年男からの納金、節分講からの講金、「福財布」への納金が中心であった。また、支出は多岐にわたるが、「福財布」の仕入れ代金が大きかった。宣伝のための広告にも費用が割かれており、桝や袢纏など「豆まき式」に利用されたと考えられるものも計上されていた。この会計簿からは、支払い先に妻沼の人々も確認でき、そのような参加もあったことなる。さらなる検討も必要であるが、今後の課題にしておきたい。

このように、現在でも行なわれている妻沼聖天山の節分会は、大正期にも行なわれていた。大きな枠組みはあまり変わっていないものと考えられるが、細部にはその時代の特徴をみることができるだろう。「神は細部に宿る」という言葉もあるが、細部を明らかにすることでより豊かな歴史像を知ることができたものと考える。

参考引用文献

朝倉治彦・校注 『東都歳時記』三巻 平凡社東洋文庫 一九七二
阿部 泉 『史料が語る年中行事の起原』清水書院 二〇二一
小川直之 『日本の歳時伝承』角川ソフィア文庫 二〇一八
熊谷市教育委員会・編 『熊谷市史』別編一民俗編 二〇一四
熊谷市教育委員会・編 『熊谷市史』別編二妻沼聖天山の建築 二〇一六
埼玉県立文書館・編 『飯塚家文書目録』〈埼玉県立文書館収蔵文書目録五五集〉 二〇一六
埼玉県立文書館・編 『青木家文書目録』〈埼玉県立文書館収蔵文書目録五七集〉 二〇一九

第三章　妻沼地域の絵はがき

森田　安彦

はじめに

　絵はがきは、カメラが一般に普及していなかった明治期から戦前にかけて、自然の風景や建造物、女性のポートレート絵はがきがブロマイドとして人気を博した。特に、官製絵はがきとして、逓信省が明治三七年（一九〇四）から二年間にわたって発行した日露戦争の戦勝記念絵はがきが火付け役となり、全国に絵はがき専門店が次々と開店した。

　また、一九〇四年に『ハガキ文学』（日本葉書会・写真1）、一九〇五年に『はがき雑誌』（東京便利堂）、『端書世界』（交信社）、一九〇七年に『絵葉書世界』（滑稽新聞社）といった専門雑誌が次々と創刊し、各地で絵はがきの展覧会や交換会が開催され、絵はがきは庶民に広く浸透していった。

【写真1】雑誌『ハガキ文学』

　この様子を、文豪田山花袋（一八七二～一九三〇）は、雑誌『絵葉書世界』の中で「蓋し絵葉書は時代の寵児である」（田山一九一二）と述べている。

一　絵はがきの持つ意味

絵はがきの本来的な用途は、個人間のコミュニケーションであるが、これにコレクションとしての価値が当初より付随していた。

また、撮影された古写真として捉えるならば、今では見ることの出来ない、風景・風俗・文化等を写した、当時を知る貴重な歴史・民俗資料であり、芸術性の高い写真は、「もっとも大量に流布した複製芸術」（橋爪二〇〇六）である。

一方、情報を伝達するメディアとして捉えた場合、絵はがきは、田邊（二〇〇二）、毛利（二〇一三）の指摘するように、特定の機関（情報発信手段所有者）から不特定多数の人（情報受信者）へ画像情報が伝わるマスメディアとしての特性と、特定の個人から特定の個人へ文字情報が伝わるパーソナルメディアとしての二面性を持つ媒体と言える。

絵はがきは、単に画像が印刷された郵便物ではなく、多様な側面を併せ持つ「奇妙なメディア」（細馬二〇二〇）とされる所以である。

二　絵はがきのはじまり

日本で郵便制度が創設されたのは明治四年（一八七一）のことで、明治六年（一八七三）に官製はがきが発売された。

絵はがきを含む私製はがきは、明治三三年（一九〇〇）八月三一日逓信省令第四二号第一八条で許可され、同年一〇月一日から私製はがきの使用が認められるようになった。

日本における最初の絵はがきは、『明治事物起原』（石井一九〇八）によると、明治三三年（一九〇〇）一〇月五日発行の雑誌『今世少年』の付録の絵はがき「二少年シャボン玉を吹く図」とされていた。この絵はがきは、長らく実物が確認できずにいたが、平成一七年（二〇〇五）六月二四日の朝日新聞関西版夕刊に「私製葉書第一号　幻の絵はがき見つけた」と題し、絵はがきコレクター畑中正美氏が、この絵はがきを発見したという記事が掲載された。

しかし、令和二年（二〇二〇）一〇月三日朝日新聞デジタルの記事には、「一二〇年前幻の一枚認可初日消印の私製はがき発見」と題し、一〇月一日の消印の押された、岩場に灯台のようなものが印刷された絵はがきが発見されたとの記事が掲載された。『今世少年』の発売日は一〇月五日であり、この絵はがきの消印は五日早く、現時点で、最も古い絵はがきと考えられる。ちなみに、この絵はがきに押されている消印の集配時間は、午前九時台を示す「ロ便」となっていることから、認可日前に発売され、一〇月一日を待って投函された可能性がある。

三　絵はがきの仕様

はがきの仕様については、逓信省令で定められており、絵はがきの発行年を知る手がかりとなっている。私信を記載する通信欄の設定及び宛名面上端に印字された「郵便はがき」の文字については、次のとおりの変遷となる（図版一）。

章末に絵はがきを図版として掲載したので参照しながら見ていただきたい。

①明治三三年（一九〇〇）一〇月一日に使用が許可された私製はがきには、宛名面に通信欄の設定がなく、絵はがきの場合、私信は写真面に書き入れなければならなかった。「郵便はがき」の文字は、右横書きで「郵便はかき」（明治三三年八月三一日逓信省令第四二号第一八条）。

②明治四〇年（一九〇七）四月一日には、宛名面下部三分の一のところに罫線が引かれ、私信を記載することができるようになった。（明治四〇年三月二八日逓信省令第六号）。

③大正七年（一九一八）四月一日には、宛名面の罫線通信欄が二分の一となる（大正七年三月一日逓信省令第五号）。

④昭和八年（一九三三）二月一五日には、「郵便はがき」の文字が、右横書きで「郵便はがき」となる（昭和八年一月一九日逓信省令第四号）。

⑤昭和二二年（一九四七）五月一五日には、「郵便はがき」の文字は、左横書きで「郵便はがき」となる（昭和二二年五月一九日逓信省告示第一七〇号）。

四　妻沼地域の絵はがきの概要

戦前の熊谷では、熊谷絵端書商組合が設立され、大正二年（一九一三）開業の熊谷の中村写真館（図版二‐一）などが写真を撮影し、杉浦書店・伊藤書店・小坂藤華堂（図版二‐二）などが、神社仏閣や史蹟名勝、イベント、建物などの風景絵はがきや美人絵はがきと称されるポートレート絵はがき等、様々な絵はがきを発行・販売していた。

図版二‐二は、大正一〇年（一九二一）一〇月に、末広の埼玉県工業試験場と玉井の埼玉県原蚕種製造所の二会場で開催された、全国特産織物物品評会会期中の熊谷町中山道のシティドレッシングの様子を写した絵はがきの一部で、絵はがきを販売していた小坂藤華堂が写っている。中山道に面した、木造瓦葺き二階建ての軒先に「活字□□　並ニ印刷　エハカキ　額縁各種　文房具類」と書かれた看板が掲げられている。

熊谷市内の妻沼地域では、その地域性として、聖天山の参拝記念や御開扉記念などの参詣者用絵はがきが多数発行されており、大門先に所在した高山小間物店では、絵はがきが販売されていた。この他、利根川に関連する橋や樋門の建設や、記念碑の造立などの出来事を写したニュース絵はがきが発行されている。

妻沼地域を撮影した絵はがきで、最も古いものは、通信欄の設定の無い、明治三三年（一九〇〇）から明治四〇年（一九〇七）の間に発行された、精英舎製の聖天山の貴惣門と本坊を写したものである（図版二‐三・四）。

絵はがきの発行元は、明治三九年（一九〇六）の聖天山内の日露戦役凱旋記念碑の絵はがき（図版七‐二）を、東京下谷西黒門町の山光社が発行している。大正二年（一九一三）九月七日の参拝記念スタンプが押された聖天山絵はがき（図版七‐二〜図版八‐二）は、東京小石川のよつい印行が行っており、写真下には英文で説明が加えられている。昭和一二年（一九三七）には、妻沼の飯田写真館が聖天山御開扉記念として町内各所に設置された飾り人形小屋を撮影した絵はがきを作成し発行しており（妻沼町誌編纂委員会一九七七）、昭和一八年（一九四三）〜二二年（一九四七）の八枚組の聖天山絵葉書（図版一一‐四〜図版一二）は、熊谷の中村コロタイプ印刷所が発行している。

写真の撮影は、大正六年（一九一七）の男沼樋門改修工事（図版五）と、大正一四年（一九二五）から昭和八年（一九三三）の間に発行された妻沼乾繭場（図版四‐四）の絵はがきを、中村写真館が行っており（図版二‐一）、昭和一〇年（一九三五）の利根川増水の写真を撮影したのは、「巷の目撃者」である妻沼の写真愛好家飯田一郎氏である（図版四‐三）。

そして近年登場した絵はがきには、デザインにコンピューターを利用したものや、訪日外国人をターゲットにしたものなどが登場している。そうした絵はがきの変化から世の中の変遷を読み取ることができる。

五　妻沼地域の絵はがき

現在筆者が所有する妻沼地域の絵はがきを中心に、雑学的関連情報とともに以下に紹介する。

【齊藤実盛】　図版三-一：明治四〇年～大正七年

　烏帽子を被った束帯姿の、眼光鋭い齊藤実盛（一一一一～一一八三）が描かれている。齋藤実盛は、治承三年（一一七九）に妻沼聖天山を開いたとされる武将で、寿永二年（一一八三）篠原の戦いで、味方が落ちていく中ただ一人踏みとどまり、木曽義仲軍に討たれた。黒髪に染めた実盛を見た義仲は、さめざめと泣いたと伝えられる。

　写真下には「六三（日本百傑之内　斎藤実盛 SAITO.SANEMORI)」と印字されており、日本の歴史上傑出した人物百人を選んで作成された、「つるや画房」発行の絵はがきである。

　この「つるや画房」は、岸他丑（一八七八～一九五六）が東京九段坂下の飯田町二丁目六一番地に開業した書店・画房で、「月刊夢二ゑはがき」（写真2）、「日本百傑肖像えはがき」を発行していた。妹の他万喜は、兄の他丑を頼って金沢か

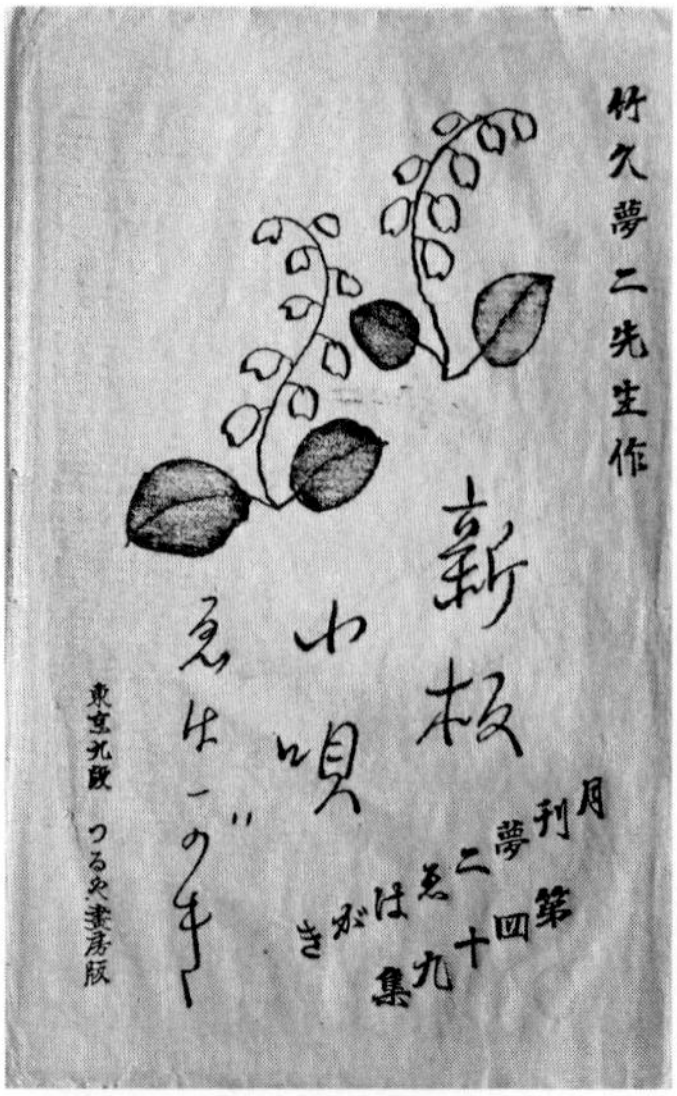

【写真2】月刊夢二ゑはがき

【写真3】齊藤実盛像

【写真4】豊国画『猿若錦絵（部分）』
（国立国会図書館デジタルコレクション
https://dl.ndl.go.jp/pid/2590558/1/5
最終閲覧日 2023年4月25日）

ら上京し、牛込早稲田鶴巻町四三に「つるや画房」の姉妹店絵はがき屋「つるや」を明治三九年（一九〇六）一一月に開業した。そして、開業わずか五日目に、早稲田実業学校に通っていた竹久夢二（一八八四～一九三四）が訪れたことが縁で、二人は結婚している。

　写真3は、聖天山境内に建てられている実盛像で、篠原の戦い（一一八三）に出陣する前に、年老いた武士と悟られぬよう、右手に筆、左手に鏡を持って、白髪や髭を墨で染めている場面を像にしたものである。平成八年（一九九六）に、聖天山開創八一八年御開扉記念事業として造立されたもので、作者は、富山県射水市の彫刻家田淵吉信氏である。

　ちなみに、白髪を墨で染めたと言われる実盛は、日本人男性へアカラー第一号かも知れない。江戸川柳に「今ならバ実盛も買美玄香　奴」（岡田一九七八・一六七篇）、「実盛ハ洒落る気てなし黒油駒成」（岡田一九七八・一二九篇）、「篠原香と名付けた

ひ黒油　冬壽」（岡田一九七八・一二五篇）と詠まれている。「美玄香」とは、江戸末期に、江戸京橋伝馬町の坂本屋友七が発売し大人気を博した白髪染で、別名「黒油」とも言われた。「篠原」は、寿永二年（一一八三）実盛が、髪を染めて出陣した篠原の戦いを指している。

写真4は、国立国会図書館蔵の歌川豊国画の錦絵である（歌川江戸後期）。歌舞伎の名跡瀬川菊之丞が、右手に美玄香と書かれた碗と、左手に美艶仙女香と書かれた包みを持っている。

【妻沼尋常高等小学校増築工事青年団作業】図版三－二：明治四四年

妻沼尋常小学校の高等科増築工事の様子を撮影した絵はがきである。

【写真5】妻沼小学校胴木

妻沼尋常小学校に高等科の校舎を増築するために、地元の青年団が工事に協力したもので、手にスコップやもっこ棒を持った青年団員が一〇〇名程写っている。

妻沼尋常高等小学校は、明治六年（一八七三）六月一日に、妻沼学校が歓喜院の仮本堂を校舎に借りて設立されたことに始まる。同年一一月には、校舎を現天理教会場に移転し、明治八年（一八七五）には、校舎を玉洞院に移転、明治一五年（一八八二）には錦森に移転し、民家を購入して校舎に充てた。明治二五年（一八九二）には、妻沼尋常小学校と改称し校舎を増築した。その後、現在の大我井の場所への移転計画により、樹木の伐採が行われ、その際一本のケヤキが残された。これが、妻沼小学校のシンボルツリー「胴木」である（写真5）。現在、幹周り五メートル三〇センチメートル程の巨木となっている。

明治四二年（一九〇九）一二月六日付けの東京朝日新聞には、伐採後の土地の地固めのため、今明両日競馬会が開催されると掲載されている。明治四四年（一九一一）四月には、妻沼尋常高等小学校として竣工している。

【妻沼尋常高等小学校増築校舎】図版三‐三：明治四四年

増築工事の完成した校舎が写っている。木造平屋瓦葺の校舎の前に、正装した和服姿の男性が一三名写っている。この校舎は、昭和四六年（一九七一）まで使用された。

【妻沼大橋】図版三‐四～図版四‐二：大正一一年頃

大正一一年（一九二二）四月に竣工した妻沼大橋を撮影した三枚組の写真である。

妻沼大橋は、利根川の妻沼（埼玉県）‐古戸（群馬県）間に架かる橋で、それまで舟橋であったものを、埼玉県議会と群馬県議会で審議を重ね、大正九年（一九二〇）に起工し、大正一一年（一九二二）四月に竣工した、全長六九一メートル、幅四．五メートルの木造橋である。

この妻沼大橋は、木橋と土橋の混成橋で、南岸三八メートル、北岸六五メートル程は仮橋で、大水の際には仮橋の板等を撤去できる構造となっていた。

埼玉県と群馬県で半額ずつ費用を負担したのに「妻沼大橋」はおかしいと、群馬県側より名前の変更要請が長く続いた。

昭和一八年（一九四三）には、鉄製橋「刀水橋」に代わり、昭和四六年（一九七一）に新設し、現在に至っている。この「刀水橋」は、新田義貞（一三〇一～一三三八）が、鎌倉攻略の凱旋の際、利根川で刀を洗ったという伝説にちなんで命名されたものである。

図版三－四には、古戸側から撮影した橋の通行面が写されている。橋の両側には鉄製の欄干が取り付けられており、通行面中央には簡易的な線路が敷設され、小石が敷き詰められている。熊谷駅から妻沼を結んだ東武熊谷線の開通は、昭和一八年（一九四三）一二月五日であり、この線路は東武鉄道とは別物となる。木造橋であり、構造上鉄道車両が通ることは難しいことから、当時行われた利根川の浚渫工事に伴う、一時的に敷設した資材運搬のトロッコ用線路かもしれない。

よく見ると写真左端には、もう一本の橋が架かっており、人が歩いている。撤去前の舟橋である。利根川の本流は、写真奥の妻沼寄りを流れており、写真ではよく確認できないが、この箇所が舟橋になっていたものと思われる。

この舟橋は、明治一七年（一八八四）に完成したもので、総延長二二〇メートル、内古戸側七四メートルが板橋、妻沼側一四六メートルが舟橋で、幅員三．七メートルであった。渡り賃銭は、手荷物共男女一人一銭、乗客車夫共人力車一輌三銭、荷物共牛馬一頭三銭、牛馬車一輌四銭だったが（埼玉県行政文書二一一九：一九八三）、大正八年（一九一九）に無賃の橋となっている（妻沼町誌編纂委員会一九七七）。

この舟橋を、大正四年（一九一五）一月一七日に、田山花袋が、『残雪』（田山一九一八）の題材とした上州旅行の際に渡っている。聖天山境内の千代枡（写真6）に宿泊し（田山一九一八）、聖天山の絵はがきを買い求め、妻沼管内で投函している。田山花袋は、国内を旅行し多くの紀行文を残しており、各地で絵はがきを買い求めては、知人宛に投函していたのである。

この妻沼地内で投函された絵はがきが、群馬県館林市田山花袋記念文学館に所蔵されている（図版六：宇田川二〇〇一・増田二〇二一）。この絵はがきは、大門先に所在した高山小間物店が販売した、三枚組の絵はがき中の一枚で、花袋が終生の友とした前田　晁（一八七九〜一九六一）に宛てたもので、消印は一月一八日、集配時間は九-□となっており、一八日の朝に、妻沼管内で投函されたことが判る。

文面には、青鉛筆で「あるところにて即興　ひもかわを　をやぢはのぞみ　子供等は　ほそきうどんを　食はんとぞいふ」と記されている。この即興短歌の内容「父親は幅の広いうどんを、子どもは幅の細いうどんを食べたいと言っている」は、紀行文『関東平野の雪』の中で、太田の呑龍（大光院）門前のうどん屋における客の様子として（田山一九二二）、『残雪』の中では、主人公杉山哲太が、町の四角で

【写真6】現在の千代枡と聖天山仁王門

妻沼町行きの乗合馬車に乗る際に、昼食を取るために入ったうどん屋における、客の親子の会話として描写されている（田山一九一八）。

この「ひもかわ」うどんは、群馬県桐生市が元祖と言われている郷土料理で、令和四年（二〇二二）三月三日に、豊かな自然風土や歴史に根ざした多様な食文化として、文化庁の「一〇〇年フード」に認定されている。

写真は、「武州妻沼聖天山本社」と印字され、聖天山本殿を正面から撮影したものである。参道石畳左側に、二軒の露店が出ており、和服姿の子供が二人こちらを見ている。

この絵はがきは、図版七‐一と同じ、東京下谷西黒門町の山光堂製である。

さらにこの二年後の大正六年（一九一七）四月には、館林・太田を訪れた「ホトトギス吟行会」の高浜虚子（一八七四～一九五九）一行が舟橋を渡っている。『ホトトギス』第二十巻第九号（岫雲一九一七）に「館林、太田、妻沼、熊谷吟行の記」と題し、その時の様子がイラストとともに掲載されている（写真7）。

「無休憩の急行で馬車は森や村を駆け抜け今利根川の堤に這ひ上った處である。馬車が

【写真7】利根川の舟橋
（『ホトトギス』第二十巻第九号）

堤を下りざま凄い音が轟いて危く板橋を渡るのであった。（中略）三台の馬車が広い河原に下りた。一同歩行する事になる。銘々襟に分福茶釜の縁喜をさして利根の本流にかかっているへなへなの船橋をトドロと渡りはじめた。空車が後から続いて渡る。この船橋は一町余の長さであった。」

舟橋を渡った一行は、聖天山を訪れ、貴惣門手前の参道脇にあった料亭三浦屋（写真８）で句会の席を設けている。新緑の季節であったことから、木の芽十句をつくり、虚子は「桑の芽に　沈みて低き　藁家かな」と詠んでいる。

【写真 8】『根本山参詣路飛渡里案内』三浦屋

その後一行は、熊谷の熊谷寺や池汀（現・星渓園）に立ち寄った後、桜雲閣で盛大な句会を催している。妻沼からは井田巣霞外四名、熊谷からは林幽嶂、斎藤紫石、和久井吟笑、三沢刀泉、押田文袋、棚沢慶翠外一五名程が参加している。

この時の席題は燕で、井田巣霞は「集燕に　馬おとなしや　百姓家」と詠んでいる。

図版四‐一は、橋脚の構造が良くわかる構図となっている。橋脚は、流路部には、垂直に打ち込まれた四本の橋杭の両側に、二本ずつの斜め柱を打ち込み、二本の橋杭筋違を挟み込み補強する構造となっている。手前の河原には、その倍の数の橋杭が打ち込まれており、仮橋との境と思われる。

図版四－二は、古戸側より撮影したもので、橋の全景が写されている。橋の上には、自転車に乗った人影が見える。左側の橋脚間には、前身の舟橋が写っている。

写真9は、現在も利根川に残る妻沼大橋の木製橋脚跡である。流路部に五箇所残存しており、埼玉県の近代化遺産として報告されている（埼玉県教育員会一九九六）。

【写真 9】妻沼大橋橋脚跡

この妻沼大橋の建設経緯を記した記念碑が、旧道脇の堤防中に建てられている（写真10）。大正一一（一九二二）年四月に造立されたもので、題字は埼玉県知事堀内秀太郎（一八七三～一九四一）、書は熊谷の政治家・俳人の林　有章（一八五九～一九四五）である。

【写真 10】妻沼大橋記念碑

【妻沼大橋】　図版四‐三：昭和一〇年

災害の様子を伝えるニュース絵はがきで、妻沼大橋付近の利根川の増水の様子を妻沼側より撮影したものである。写真左手上流には、建設中の新橋（刀水橋）のコンクリート製の橋脚九基の上部が写っている。撮影日時は、昭和一〇年（一九三五）九月二六日午前八時半と記されている。この増水で、古戸側の橋梁約一八二メートルが流失している。

この時、群馬県内では、九月二一日から雨が降り続き、台風によって前線が活発になった二四日朝から二六日の夕方まで豪雨が継続した。利根川上流では烏川流域に豪雨が集中し、倉田村（現：高崎市倉渕町）で総雨量四〇二．五ミリメートルを記録した。群馬県内の死者二一八名を数えた、通称烏川災害である。

この写真は、当時妻沼町役場職員であった飯田一郎氏が撮影したものである。これだけの写真が撮れるなら写真屋になった方が良いとの妻沼町議会議員茂木雅太郎氏の勧めで、飯田写真館を始めている。

【男沼樋門改修工事】　図版五：大正六年

利根川右岸の台地区に設置されていた農業排水用施設男沼樋門の、改築を記念して発行された五枚組の絵はがき（埼玉県立文書館蔵）である。撮影は中村写真館が行っている。それまでの男沼樋門は、文化一三年（一八一六）に長勝寺の堪能和尚による提案でつくられたもので、大正六年（一九一七）に、この煉瓦造りの樋門に改築された。

工事費は九千五〇円、本体長八一尺、幅八尺、通水断面は一連アーチ構造で、銘板と笠石は花崗岩が用いられ、ゲートは檜の木製観音開き形式であった（男沼門樋悪水路普通水利組合一九一六）。

現在の樋門は、昭和四九年（一九七四）に竣工したもので、昭和五二年（一九七七）に排水機場を設置している。

図版五-一は、改修工事の様子を撮影したものである。基礎杭に、長さ一五尺、直径五寸の松丸太二八一本を、当時最新鋭の蒸気動力杭打機で打ち込んでいる。

【写真 11】男沼樋門銘板

図版五-二は、レンガを積んで樋門を建設しているところである。煉瓦は、樋管表積に焼過一等煉瓦二万四二五〇個、裏積用並焼一等煉瓦一二万九二五〇個を使用した大規模な樋門である（男沼門樋悪水路普通水利組合一九一六）。樋門上部には、花崗岩製の銘板がはめ込まれている。現在この銘板は、男沼排水機場施設の入り口に残されている（写真11）。

図版五-三は、竣工記念に撮影したもので、四〇〇名程の地元関係者が写っている。上段に男沼小学校児童、中段に来賓と関係者名士等が参列しており、下段右の人物は、男沼村長の中里小源治である。

図版五-四は、この男沼樋門改修を記念した建てられた石碑で、男沼の神明社に大正七年（一九一八）六月に建立されている。篆額は

内務大臣水野錬太郎（一八六八～一九四九）、撰文は、埼玉県知事岡田忠彦（一八七八～一九五八）である。

図版五－五は、この記念碑の拓本である。

【大里郡乾繭販売利用組合　妻沼乾繭場】図版四－四：大正一四年～昭和八年

有限責任大里郡乾繭販売利用組合が発行した四枚組絵はがきの中の一枚である。この絵はがきセットは、大里郡内の妻沼・寄居・深谷・熊谷に建てられた乾繭場を写したもので、撮影は、中村写真館が行っている。写真には、木造の妻沼乾繭場の外観が写されており、細長い二本の煙突が右手にあり、軒下には、自転車と繭を運んだ竹かごが置かれている。

妻沼乾繭場は、大正一四年（一九二五）に妻沼地内に建築費一八〇〇〇円で建設されたもので、敷地六九八坪、建物一八〇坪で、繭を乾燥する田端式汽熱復式の乾燥器が設置され、一日二〇〇〇貫の乾繭能力を備えていた（熊谷市教育委員会二〇一九）。

乾繭場とは、貯蔵のため乾燥機で繭を乾燥し、中のサナギを殺す施設である。生繭の場合、サナギが羽化するので五日、殺蛹《さつよう》しても二～三週間程度しか保存できないが、乾繭にすると一年程保存が可能となった。

有限責任乾繭販売利用組合は、大正一四年（一九二五）八月に約五〇〇〇人の養蚕家を組合員として、産業組合法によって創立されたもので、初代組合長は江袋の長島作左衛門（一八九四～一九七二）で、その後、石坂養平（一八八五～一九六五）が組合長に就任している。この他、集繭場が、吉岡村、玉井村、明戸村、岡部村、榛澤村、花園村、深谷町に設置されていた。

長島作左衛門は、江袋村の世襲名主を勤めた家に生まれ、幡羅高等小学校、熊谷中学、早稲田大学を卒業し、江袋村会議員を六期二四年勤めている。その間、大里郡乾繭組合長、埼玉県乾繭組合連合会長等を歴任し、昭和一〇年（一九三五）太田村長に就任している（妻沼町誌編纂委員会一九七七）。

【聖天山公園地】　図版七‐一：明治三九年

明治三九年（一九〇六）天長節の日（一一月三日）に造立された日露戦役凱旋記念碑が写されている。発行は、東京下谷西黒門町山光社である。碑陰には、妻沼一二郷の日露戦争従軍者の名前が刻まれている。記念碑の造立を記念して発行された絵はがきである。

【妻沼聖天山絵葉書】　図版七‐二〜図版八‐二：大正二年

大正二年（一九一三）九月七日の参拝記念スタンプが押された聖天山発行の五枚組絵はがきで、「山内全景」「貴惣門」「仁王門」「聖天堂」「節分會夜景」で構成される。発行は、東京小石川よつい印行である。

図版七‐二は、武蔵妻沼聖天山全景と題された聖天山の鳥瞰図である。作者は不明で、江戸時代後期に描かれたものと推測される。左下には、明治六年（一八七三）に焼失した本坊・本地堂（図版七‐三）が、右端の参道入り口には門（図版七‐四）が描かれている。文政一三年（一八三〇）刊『新編武蔵風土記稿』、「幡羅郡之四　聖天社」には、「社より鳥居まで三丁余り」と記載されており（蘆

田伊人一九五七）、明治一〇年（一八七七）刊の『埼玉県地誌略』（川島一八七七）の中の版画（写真一二）にも門（冠木門《かぶきもん》）が描かれている。この門は、明治元年（一八六八）の神仏分離令後も、大正期まで残されていたようである。

左下の本坊は、明治六年（一八七三）に焼失しており、当時の姿を知る貴重な資料となっている。この本坊は、建久八年（一一九七）、齋藤実盛の次男、実長が建立したと言われている。

また、本地堂と記載された建物が描かれている。本地仏を安置したお堂である。これは、日本の神は、仏が姿を変えて現れたものとする本地垂迹説に基づいて、神社にその神の本来の姿とされる本地仏を祀っていたもので、神仏習合時の歓喜院の性格を示すものである。

【写真12】聖天山の門（埼玉県地誌略）

『新編武蔵風土記稿』「幡羅郡之四　聖天社」には、「建久八年（一一九七）宮社堂宇悉く落成し、聖天山歓喜院長楽寺と号す、又別に本地堂を建て、東福寺と名付（中略）。本地堂。弘法大師作の弥陀を安置す」と記載されている。弥陀とは阿弥陀のことで、伊弉諾尊が姿を変えたものとされている。斎藤実盛が妻沼聖天宮を勧請した時、当時大我井の地にあった白髪神社の二柱（伊弉諾・伊弉冉尊）を合祀したが、明治維新に当たり再び分祀し、大我井神社の祭神とした経緯がある。

図版七‐五は「貴惣門」である。参道の両側に三基ずつ石灯籠が並んでいる。左手には、和服で子どもを背負う女性の姿が写っている。この一番手前の一対の石灯籠は、文政三年（一八二〇）に設置されたもので、大正六年（一九一七）四月に、石垣の土台を持つ灯籠の設置に伴い手前に移設され（図版六‐三）、さらに、昭和二年（一九二七）に、参道北側に「聖天山」石柱の設置に伴い（図版九‐二）、今度は貴惣門西側の参道脇に移設されている（写真13）。

図版七‐六は、「仁王門」である。仁王門は、創建は万治二年（一六五九）だが、寛文一〇年（一六七〇）の火災で半焼、大工棟梁林家三代目正義により修復されるが、明治二四年（一八九一）台風で倒壊。明治二七年（一八九四）に、大工棟梁林家六代目正啓により再建されている。林正啓は、この他、市内永井太田の能護寺の鐘楼再建、東京葛飾柴又帝釈天題経寺帝釈堂を設計している。

仁王門手前の狛犬や石灯籠には、蚕児飼育用の蚕箔が立てかけられている。よりによってここでなくてもと思うが、そこは神格化された「お蚕様」のため、参道脇の農家が、養蚕の準備で天日干しを行っているものと思われる。参道左脇には、店名は不明であるが、参詣者用に「有味　茶漬合　うんどん」と書かれた看板が設置されている。

【写真 13】聖天山喜惣門西側の灯篭

　また、手水舎の手水鉢は現在のものと異なるものが設置されている。この手水鉢は、貞享二年（一六八五）一一月に奉納されたもので、現在本坊本堂前に移設されている（写真14）。昭和一八年（一九四三）五月に、新しい手水鉢が奉納された際に替えたものと推測される。

　図版八‐一は、「聖天堂」である。本殿前の天水鉢脇には、和服を着た四人の子どもが立ち、こちらを見つめている。参道脇には簡易的な日除けのついた休憩所が設けられており、数人の男性が休憩している。近年南側に移設された手水舎が写っているが、この手水鉢も現在のものとは異なるものが設置されている。

【写真 14】歓喜院本坊本堂前の手水鉢

【写真 15】聖天山奉納額

　図版八‐二は、「節分會夜景」である。歓喜院の本殿内でかみしもを着た四人の男性が、豆をまく姿が写されている。中央は、歓喜院四〇世英良院主と思われる。壁面に飾られた紅白幕には、明治三五年の文字が記さ

れており、右上には大きな奉納額が掲げられている。この額は、明治二〇年（一八八七）三月に幡羅郡小島村の野村権三郎の奉納によるもので、歓喜院境内の鳥瞰図が描かれている。額縁には、上州花輪村の尾崎住、高澤仐之輔による見事な彫刻が施されている（写真15）。高澤仐之輔は、彫物師で、明治一五年群馬県世良田の祇園屋台を修理している。

現在でも聖天山では、毎年二月三日に節分の豆まきが行われている。

【聖天山鐘楼】　図版八‐三　大正七年～大正末

鐘楼を北側から撮影したものである。右側には本殿が見え、鐘楼の左右には、材木の骨組みが写っている。建設中の籠堂と本殿をつなぐ廻廊と思われる。

【写真 16】聖天山鐘楼

この鐘楼は、宝暦一一年（一七六一）、林家二代目林兵庫正信により建立された。梵鐘は、慶應二年（一八六六）に鋳造されたもので、昭和一八年（一九四三）二月に太平洋戦争のため供出された。現在の梵鐘は、「平和の鐘」として昭和二六年（一九五一）五月五日に鋳造され、鐘楼の基礎を嵩上げしている（写真16）。林正信は、市内永井太田能護寺の鐘楼創建、秩父市三峯神社の随身門を建立している。

【武州妻沼歓喜天】　図版六 - 三　大正七年〜昭和七年

貴惣門を写したもので、白黒銅版印刷したものに、手彩色によりカラー写真風に仕上げている。貴惣門手前の参道に石灯籠が四基ずつ並んでいる。

カラー写真が普及していなかった当時、白黒絵はがきの着色は、大正から昭和初期にかけて流行した。着色は、主に画家や女性が行い、奉公先としても需要があった。明治三八年（一九〇五）五月二四日付読売新聞には「絵葉書の流行しますので之を着色するのも宜い手間賃になります。上田屋書店の計りも女工一人に一ヶ月十円位になるさうで、牛込新小川町三の十四渡邊翠渓方で昨今女工を募っております」との記事が掲載されている（細馬二〇二〇）。渡邊翠渓は、絵はがき着色業を営んでいた。

【聖天山絵葉書】　図版八 - 四〜図版九　昭和二年

昭和二年（一九二七）一月一一日の参拝記念スタンプが押された八枚組絵はがきで、「聖天山本堂」「聖天山公園」「歓喜院持仏堂」「聖天山貴惣門」「歓喜院仁王門」「聖天山全景」「聖天山鐘楼」「聖天山本堂彫刻」で構成される。

図版九 - 四は、「聖天山本堂」である。本殿前の手水舎の手水鉢は、大正二年撮影の図版九 - 一のものとは異なり、現存する手水鉢（写真17：一八〇四年造：窪世祥刻）と同一のものとなっている。

図版八 - 五は、「聖天山公園」である。本殿北側の石橋の上に二人の僧が佇んでいる。発行年から判断すると、一人は歓喜院四〇世英良院主と思われる。

【写真 17】聖天山手水鉢

図版九-一は、「持仏堂」である。本坊は、明治六年（一八七三）に焼失し、明治一〇年（一八七七）頃再建され、本地堂から持仏堂と名称が変わったものである。現在は、歓喜院本堂と呼ばれている。

図版九-二は、「貴惣門」である。大正二年（一九一三）発行の図版七-五には無かった、「聖天山」と彫られた参道右の石柱（昭和二年〈一九二七〉造立）と、手前に石垣の土台の上に載る二基の石灯籠（大正六年〈一九一七〉造立）が設置されている。

図版九-三は、「仁王門」である。和服姿の子どもが、門前で鳩を見つめている。

これと同じような光景を田山花袋が目にしている。紀行文『一日の行楽』「妻沼の聖天祠」（田山一九一八）のなかで、大正四年一月に歓喜院を訪れた際、「子供等は　早し御堂の　朝明けの　鳩と共にも　出でて遊べり」と詠んでいる。

また、『残雪』の主人公杉山哲太も、歓喜院仁王門の前で鳩を見つめていた（写真18）。「中門の前に立ったかれは、不意にある生物の無限に近い喜び合い囁き合うような声を耳にした。やがてそれは朝の目覚に歓喜している楼上の無数の鳩の啼き声であることを知ったかれは、心に一種の爽やかな再生の喜びの共鳴を感ぜずにはいられなかった。見ていると、鳩は一羽二羽と其処から次第に飛んで下りて来た。」

図版九‐四は、「鐘楼」である。擬宝珠高欄が手前にあることから、本殿から撮影したものである。籠もり堂から本殿への廻廊は、大正期に設置されたもので、昭和二年（一九二七）のスタンプが押されているが、撮影は廻廊建設以前の大正期となる。

【写真18】大正7年田山花袋『残雪』挿絵
国立国会図書館デジタルコレクションより
（https://dl.ndl.go.jp/pid/959486/1/23
最終閲覧日 2023年4月25日）

【妻沼町、聖天山　石門建設記念絵葉書】
図版一〇～図版一一‐一：昭和六年

東京浴油元講による、聖天山歓喜院へ石門を奉納した記念に発行した、五枚組の絵はがきである。

図版一〇‐一は、石材の運搬の様子を写したもので、「妻沼聖天山　東京浴油元講」と書かれた旗を先頭に、総勢三〇〇人以上の和服姿の男女が写っている。よく見るとその中に馬が四頭写っており、後方の荷車に載せられた石材を人馬で引いてきたことがわかる。右側の沿道には、大勢の子供達が見物している様子が写されている。

この石門の石材は、筑波産の花崗岩（いわゆる稲田石）で、熊谷まで貨車で輸送され、熊谷駅で荷車に積み替えられ、駅から約一一キロメートルの距離を運んだものである。

この石材一本の重量は二千貫（七二〇〇キログラム）で、通称二千貫と呼ばれている。熊谷駅からの輸送路にあたる備前渠に架けられていた千歳橋は、この石材の重量に耐えられないと、通過を反対する者があったため、橋の補強をして通過したと伝えられている。

石材の一辺には、石切場の岩盤から、「矢穴技法」により石材を切り出した時の長方形の掘り込み（矢穴痕）が複数確認できる。現地で石材を切り出した後、大まかに直方体に成形し、面取りや字彫り等の仕上作業は、設置場所の聖天山で行われた。聖天山での石材加工は、足利の石工山田勝太郎が行った。

図版一〇-二は、聖天山の門前に到着した時の様子を撮影したものである。

図版一〇-三は、完成した石材を、三本の丸太でやぐらを組み、滑車を用いて設置している作業を写している。石門の設置作業を、大勢の人々が見守っている。

石柱の仕上寸法は、高さ五．八メートル、幅八二センチメートル、厚さ六五センチメートルである。

【写真19】信心有志寄附連名碑

吊り上げられた北側の石材の根本をよく見ると、石柱の基礎の根入りが僅かしかないことがわかる。現在、電柱を建てる場合の基準は、全長一五メートル以下の場合は、深さを全長の六分の一以上確保し埋設する必要がある。現在の基準では、高さ五．八メートルの石柱では一メートル程埋設しなければならないことになるが、基礎の石盤に穴を穿ち、根入れは三〇センチメートル程であろうか。
参道脇の家には、宮崎自動車商会の看板が掲げられており、その奥に瓦葺きの屋根が写っている。そこが大正六年（一九一七）に高浜虚子一行が立ち寄って俳句会を開いた三浦屋である。写真右端に写る石碑は、明治二年（一八六九）に造立された「信心有志寄附連名碑」で、現在は、貴惣門の手前北側に移設されている（写真19）。

図版一〇‐四は、設置の完了した石門である。右側の門柱には表「武州妻沼郷」、裏「昭和五年四月十七日　東京浴油元講中建立」、左側の門柱には表「歓喜天霊場」、裏「東京浴油元講中建立　歓喜院住職　鈴木英良代　足利郡松田　山田勝太郎刻」と刻まれている。

この石門が建てられた翌年の昭和六年（一九三一）四月一七日には、聖天山石門碑が建てられている（写真20）。

【写真 20】聖天山石門碑

この石碑には、寄付者として、東京日暮里在住者四七名、東京浴油講世話人二〇名、発起人一〇名、地元世話人四名の名が刻まれている。書は「江南　青木茂」、石工「赤石文次郎」、発起人は、妻沼出身の実業家井田友平（一八八九〜一九六五）の他、戸谷浅五郎・鈴木辰三郎・関田米太郎・長谷川常五郎の名が刻まれている。この四名は、昭和一二年（一九三七）の開扉記念碑の発起人・構元としても名が刻まれている。

赤石文次郎は妻沼の石工で、大正一二年（一九二三）造立の聖天山芭蕉句碑、昭和一〇年

（一九三五）造立の観清寺芭蕉別伝句句碑に石工として名が刻まれている。
青木　茂は、明治二四年（一八九一）から明治二六年（一八九三）まで男沼村長、明治三一年（一八九八）から大正一四年（一九二五）まで男沼村会議員、大正二年（一九一三）に組織された男沼養蚕組合の組合長を勤めた人物で、間々田の稲荷神社の石製狐像を再修している（写真21）。

【写真 21】稲荷神社狐像

ちなみに、浴油講（浴油万日講）は、毎年三月の第二土・日曜日に、妻沼歓喜院本坊で行われている。講金四千円で、普段は入る事の出来ない本坊本堂が内拝でき、御祈祷の後、御札、福箕、宝団、弁当（聖天寿司）が授与品として受け取ることができる。

【聖天開扉奉讃法要記念絵葉書】　図版一一－二・三：昭和一二年

昭和一二年（一九三七）の御開扉記念に、歓喜院と開扉奉賛会が発行した二枚組の絵はがきで、「聖天堂内陣」、「檀主齋藤実盛公像」で構成される。御開扉は、この後、昭和二七年（一九五二）、昭和五三年（一九七八）、平成八年（一九九六）、平成三一年（二〇一九）に行われている。
図版一一－二は、本殿内陣の厨子。

図版一一-三は、本堂に安置されている、木造斎藤実盛座像。江戸時代の作で、寄木造。像高三四．三センチメートル。武者姿ではなく、束帯姿の座像となっており、風格のある壮年期の実盛を表現している。

【武蔵妻沼聖天山絵葉書】　図版一一-四〜図版一二：昭和一八年〜二二年

歓喜院発行の八枚組の絵はがきで、「全景」・「本堂」・「貴惣門」・「仁王門」・「本堂彫刻」・「鐘楼及び客殿」・「本坊歓喜院」・「檀主齋藤実盛公像」で構成される。

図版一一-四は、「本堂」で、石畳の参道両脇に、八基の石灯籠が並んでいる。右手奥には鐘楼の屋根が写っている。本殿前の石製鏡餅は、大正五・六年頃に高野山開創一一〇〇年記念法会参拝記念に造立されたもので、現在は、閼伽井堂東側に移設されている（写真22）。

【写真 22】聖天山の石製鏡餅

石製の鏡餅は、米餅搗大使主命が初めて餅つきをした人物として、菓子作りの神と菓子業者から信仰を集めており、石の鏡餅を神社に奉納した事例が各地で見られる。間々田の稲荷神社には、参宮記念として対の石製鏡餅が、昭和三三年（一九五八）に奉納されている（写真23）。

図版一一-五は、「仁王門」である。左手前に写る手水舎の手

【写真23】稲荷神社石製鏡餅

水鉢は、昭和一八年五月に寄贈されたもので、現在と同一のものである。

図版一二‐一は、「鐘楼及び客殿」である。大正期に、籠堂から本殿への廻廊が設置された。そのため、鐘楼が参道から見えなくなってしまった。籠堂は、明治一二年（一八七九）に建設され、一階の手前には、平成八年（一九九六）にお札授与所が増築されている。

なお、廻廊の前に建つ、昭和一二年（一九三七）の御開扉記念の「東京浴油元講回廊寄附芳名碑」は、現在、おまつり広場北側の、日露戦争凱旋碑の横に移設されている（写真24）。

東京浴油元構は、当地世話人として名が刻まれている関田関太郎・金子軍之丞・林良作らが、浅草、下谷、本郷など東京在住の郷土出身者との連絡を図ることで、町勢発展に導こうと、浴油構の振興を企画したもので、大正一二年（一九二三）に第一回参拝団が成立している。

碑には、世話人として井田友平の名が、発起人として戸谷浅五郎・鈴木辰三郎・関田米太郎・長谷川常五郎の名が刻まれている。この五人は、昭和六年（一九三一）四月一七日造立の「聖天山石門碑」の発起人としても名が刻まれている。

図版一二‐二は、「本坊歓喜院」である。本坊入り口の四脚門と白壁塀で囲まれており、左手には、

【写真 24】東京浴油元講回廊寄附芳名碑

昭和八年（一九三三）竣工の金剛殿の屋根が写っている。明治三三年（一九〇〇）から明治四〇年（一九〇七）の間に撮影された図版二‐四に写っていた半鐘の下がる火の見櫓は撤去されている。

【聖天山平和の塔落成記念絵葉書】

図版一三‐一・二：昭和三三年

昭和三三年（一九五八）平和の塔の落成記念に発行された二枚組の絵はがきである。

平和の塔は、昭和二六年（一九五一）のサンフランシスコ平和条約締結を記念して、戦争で殉難された方々の英霊を供養すると共に、世界の恒久平和を願って建立されたものである。

大工棟梁林家八代目亥助により、境内のケヤキを材料として造られた、一階が四角で、二階部分が丸形の多宝塔様式の建物で、本尊は十一面観音が祀られている。

林　亥助は、市内永井太田の能護寺鐘楼の修復や、東京葛飾柴又帝釈天題経寺の大鐘楼の建築を手がけている。

【大龍寺無縁塔】 図版一三‐三：昭和三五年

この絵はがきは、昭和三五年（一九六〇）に、図版一三‐四の絵はがきとともに、無縁塔と慰霊碑の造立を記念して発行されたものと思われる。

寶積山百道院大龍寺は、慶長一〇年（一六〇五）、忍城主成田氏の家臣島田采女正が、幡随意上人（一五四二～一六一五）を招き開創したと伝わる市内葛和田の浄土宗寺院である。

この無縁塔は、墓地整理の際に無縁となった墓石五〇〇余りを集めたもので、地蔵菩薩を頂点に置き、十一段に積み上げている。

【葛和田地区慰霊碑】 図版一三‐四：昭和三五年

この慰霊碑は、昭和三五年（一九六〇）大龍寺境内に、日露戦争から第二次大戦までの葛和田地区の殉職者供養のために、信徒、戦役参加生存者「秦友会」により造立されたものである。

碑には、「慰霊碑　大本山光明寺大僧正文学博士大野法道」と刻まれている。

光明寺は、鎌倉市所在の浄土宗大本山で、大野法道（一八八三‐一九八五）は、昭和二〇年（一九四五）文学博士号取得し、昭和二九年（一九五四）光明寺住職となり、昭和三一年（一九五六）大僧正に就いている。

【妻沼聖天山】 図版一四～図版一五‐三：平成二四年

平成二四年（二〇一二）の聖天山本殿の国宝指定を記念して発行された九枚組のカラー絵はがきで、「国宝本殿西面全景」「国宝本殿全景①東南より」「国宝本殿彫刻部分腰羽目①すなどりの子どもたち」

「国宝本殿彫刻部分子ども拡大①すなどりの子」「国宝本殿彫刻部分技術①籠彫り桐と桐の花」「国宝本殿彫刻部分七福神①布袋さま大羽目彫刻西面」「国宝本殿彫刻部分漆①獅子茶色」「国宝本殿彫刻部分鳥①脇障子羽目彫刻北側西面雉」「国宝本殿彫刻部分霊鳥①肘木鼻彫刻鳳凰頭」で構成される。

平成一五年（二〇〇三）から平成二二年（二〇一〇）にかけて行われた本殿の大修理が終わり、宝暦一〇年（一七六〇）の建立当時の極彩色を二五〇年振りに取り戻した本殿の彫刻を絵はがきにしたものである。

ちなみに、本殿の彫刻彩色の劣化はいつ頃から始まっていたのかは定かではない。建立から一五〇年余り過ぎた大正六年（一九一七）に、高浜虚子一行が訪れた際には、既に劣化がかなり進んでいたようである。雑誌『ホトトギス』第二〇巻第九号「館林、太田、妻沼、熊谷吟行の記」には「今は大方剥げているけれどもところどころに残っている丹碧の色と相まって、此田舎には珍しい贅沢な建物と思はしめた」（岫雲一九一七）と記されている。

【歓喜院聖天堂】　図版一五‐四：平成二五年

平成二五年に、ポスタルスクウェア株式会社（現・加藤憲G.R.S.株式会社）より発売された、ご当地フォルムカードで、聖天山本殿がカラーイラスト化されている。この絵はがきは、日本の各都道府県を代表する食べ物や名所等をかたどった絵はがきシリーズで、埼玉県では、草加せんべい、時の鐘、長瀞とSL、和同開珎に次いで発売された。郵送で送る際は、定形外のため一二〇円分の切手を貼る。

【八百四十周年記念秘仏御本尊御開扉】　図版一六‐一：平成三一年

聖天山開創八四〇周年を記念して、平成三一年（二〇一九）四月一六日から二二日にかけて行われた御開扉の際に、歓喜院から発行された記念絵はがきである。建立当時の極彩色を取り戻した本殿西面を、ドーンデザイン研究所のインダストリアルデザイナー水戸岡鋭治氏が、コンピュータグラフィックスで描いた、デザイン性の高い絵はがきである。

【熊谷市絵葉書】　図版一六‐二・三

現在、熊谷市国際交流協会で販売している八枚組のカラー絵はがきで、「星溪園」「秩父鉄道SL」「妻沼歓喜院本殿」「桜堤」「うちわ祭」「木遣り」「花火大会」「能護寺あじさい」で構成される。妻沼地域では、聖天本殿と能護寺のあじさいが組み込まれている。

絵はがきに記載された題名は英語と中国語で表記されており、主なターゲットは、熊谷を訪れる外国人向けの観光絵はがきである。

1. 明治 33 年 きかは便郵・通信欄無	2. 明治 40 年 きかは便郵・通信欄 1/3	3. 大正 7 年 きかは便郵・通信欄 1/2

4. 昭和 8 年 きがは便郵・通信欄 1/2	5. 昭和 23 年 郵便はがき・通信欄 1/2	

図版 1　はがきの仕様

1. 中村写真館

2. 小坂藤華堂

3. 武蔵妻沼聖天山貴惣門

4. 武蔵妻沼歓喜院

図版 2　妻沼地域の絵はがき 1

1. 齋藤実盛（日本百傑之内）36

2. 妻沼尋常高等小学校増築工事青年団作業

3. 妻沼尋常高等小学校増築校舎

4. 武州妻沼大橋（其一）

図版 3　妻沼地域の絵はがき 2

1. 武州妻沼大橋（其二）

3. 妻沼大橋

2. 武州妻沼大橋（其三）

4. 大里郡乾繭販売利用組合妻沼乾繭場

図版4　妻沼地域の絵はがき3

1. 男沼樋門改修工事其 1

2. 男沼樋門改修工事其 2

3. 男沼樋門改修工事

4. 男沼樋門改修記念碑

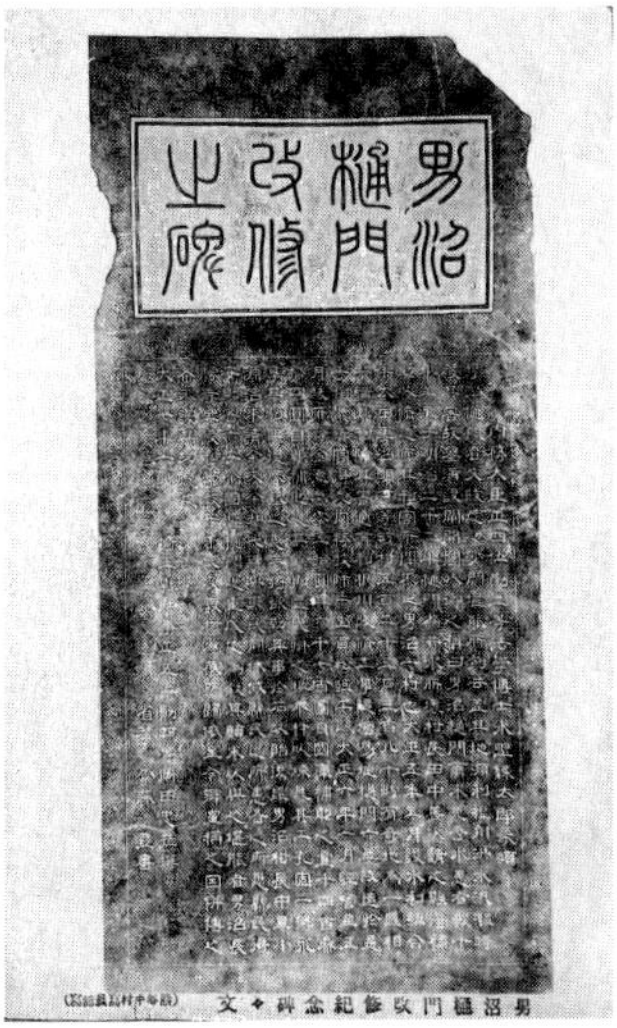

5. 男沼樋門改修記念碑々文

図版 5　妻沼地域の絵はがき 4

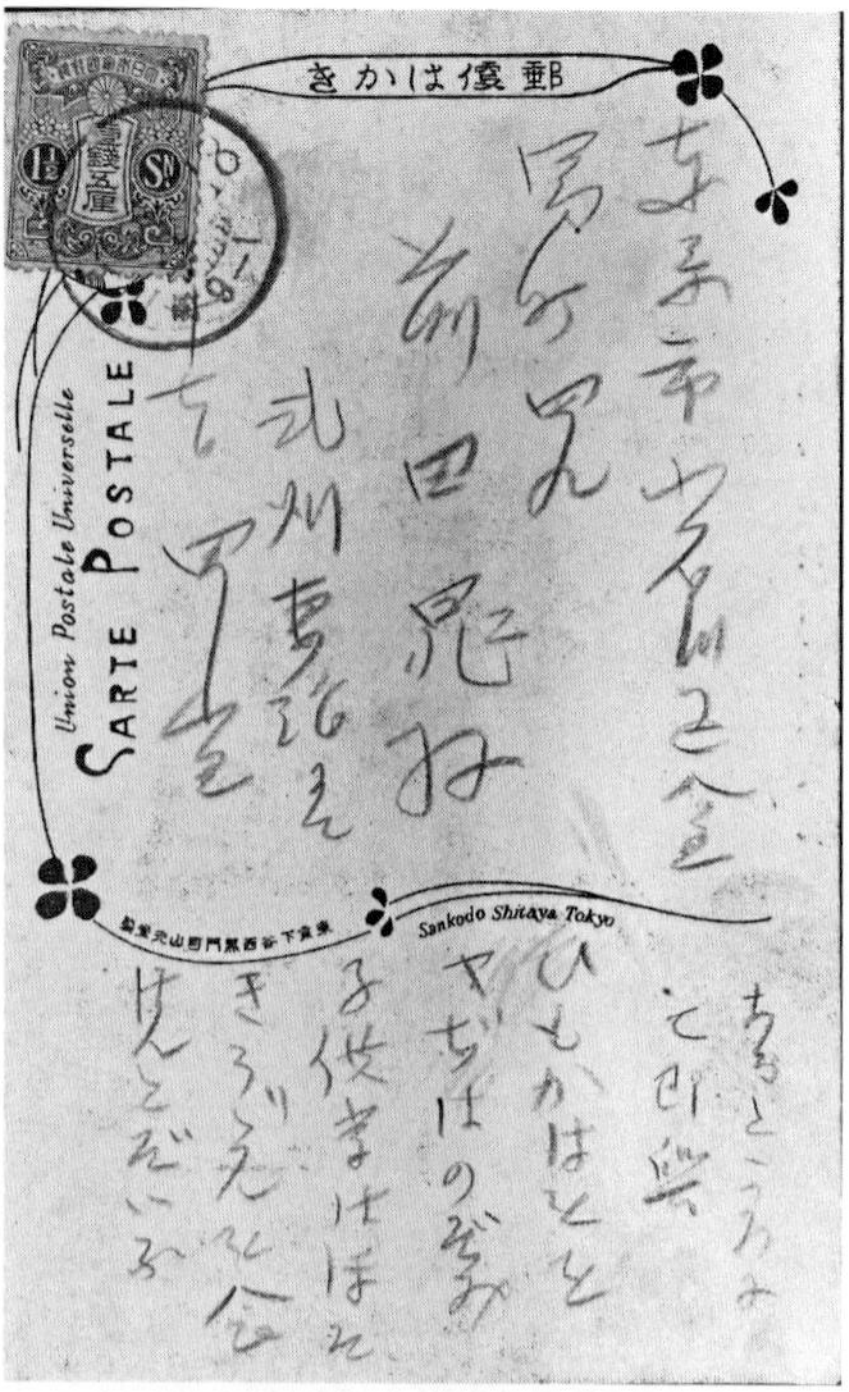

1. 田山花袋の絵はがき（通信面）

2. 田山花袋の絵はがき（写真面）

3. 武州妻沼歓喜天

図版 6　妻沼地域の絵はがき 5

1. 聖天山公園地

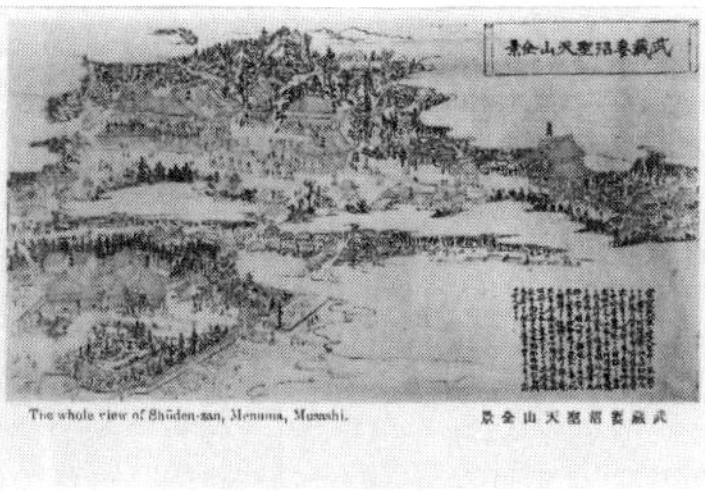

2. 武州妻沼聖天山全景

3. 聖天山全景部分（本坊・本地堂）

4. 聖天山全景部分（門）

5. 武州妻沼聖天山貴惣門

6. 武州妻沼聖天山仁王門

図版７　妻沼地域の絵はがき６

1. 武州妻沼聖天山聖天堂

2. 武州妻沼聖天山節分會夜景

3. 聖天山鐘楼

4. 武蔵妻沼町聖天山本堂

5. 武蔵妻沼町聖天山公園

図版 8　妻沼地域の絵はがき 7

1. 武蔵妻沼町歓喜院持佛堂

4. 武蔵妻沼町聖天山鐘楼

2. 武蔵妻沼町歓喜院貴惣門

3. 武蔵妻沼町仁王門

図版９　妻沼地域の絵はがき８

1. 妻沼町聖天山石門材運搬

2. 妻沼町聖天山石門材到着

3. 妻沼町聖天山石門建設工事

4. 妻沼町聖天山石門

図版 10　妻沼地域の絵はがき 9

1. 妻沼町聖天山歓喜天御本殿

2. 聖天堂内陣

3. 檀主齋藤實盛公像

4. 武蔵妻沼町聖天山本堂

5. 武蔵妻沼町聖天山仁王門

図版 11　妻沼地域の絵はがき 10

1. 武蔵妻沼町聖天山鐘楼及客殿

2. 武蔵妻沼町聖天山本坊歓喜院

3. 武蔵妻沼町聖天山貴惣門

4. 武蔵妻沼町聖天山本堂彫刻

5. 武蔵妻沼町聖天山檀主齋藤實盛公像

6. 武蔵妻沼聖天山全景

図版 12　妻沼地域の絵はがき 11

1. 聖天山平和の塔

3. 大龍寺無縁塔

2. 聖天山本殿正面

4. 葛和田地区慰霊碑

図版 13　妻沼地域の絵はがき 12

1. 本殿西面全景

2. 本殿全景南東より

3. すなどりの子どもたち

4. すなどりの子ども

5. 籠彫り桐と桐の花

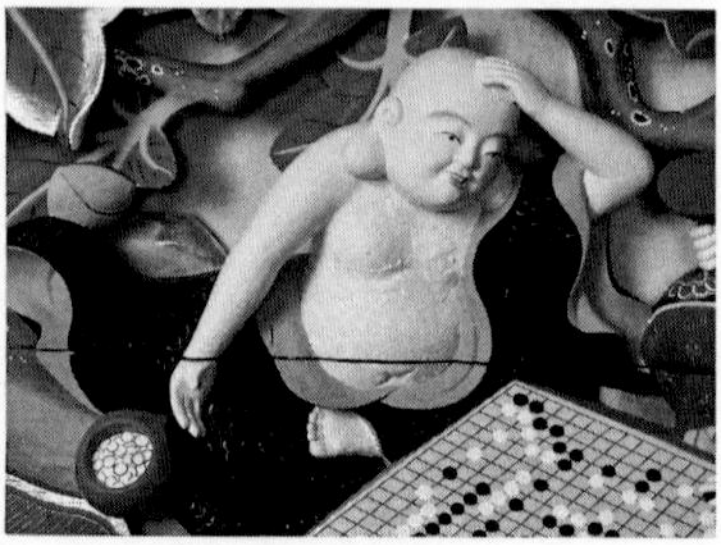

6. 布袋さま

図版 14　妻沼地域の絵はがき 13

1. 獅子

2. 雉

3. 鳳凰頭

4. 歓喜院聖天堂

図版 15　妻沼地域の絵はがき 14

1. 国宝妻沼聖天山

2. 能護寺あじさい

3. 妻沼歓喜院本殿

図版 16　妻沼地域の絵はがき 15

おわりに

以上、妻沼地域の絵はがきを概観した。これらの妻沼地域を写した絵はがきは、経年変化する風景や、地域の出来事を今に伝えているだけでなく、発行に至った背景を知るための身近な歴史資料といえる。

日本で絵はがきが販売されて一二〇年余り。近年、妻沼地域の絵はがきの発行はめっきり少なくなっている。これは、妻沼地域に限った傾向ではない。需要が減れば当然供給も減る。

インターネットを介したソーシャルメディアが広く普及し、だれもが容易に即時に情報ネットワークに参加することが可能となった現在、従来メディアである絵はがきの「マスメディア」「パーソナルメディア」としての存在意義は急速に失われたが、逆に、時間をかけて、直筆で情報をやり取りするコミュニケーション手段としての絵はがきが、再評価されている。

また、現在の絵はがきは、観光地における観光記念、イベントの開催記念、ミュージアムショップでの展示作品の紹介、商品の広告用（アドカード）として主に販売・配布されており、アート性の高いコレクションとしての価値は、現在も残っていると判断される。

今回、妻沼地域の絵はがきを紹介することにより、今につながる身近な地域の歴史を垣間見る一助となれたなら幸いである。

参考引用文献

石井研堂　『明治事物起原』橋南堂　一九〇八

宇田川昭子「田山花袋の書簡―前田晃宛―」『田山花袋記念文学館研究紀要』第一四号　館林市教育委員会　二〇〇一

歌川豊国ほか画　『猿若錦絵』三　江戸後期

岡田　甫・校訂　『俳風　柳多留全集十』三省堂　一九七八

岡田　甫・校訂　『俳風　柳多留全集十二』三省堂　一九七八

男沼門樋悪水路普通水利組合　「男沼樋門設計書」『県費補助之儀ニ付申請』一九一六（埼玉県立文書館蔵）

川島楳坪・編　『埼玉県地誌略』埼玉県　一八七七

熊谷市教育委員会・編　『熊谷市史　資料編8　近代・現代3』（妻沼地域編）熊谷市　二〇一九

岫雲　「館林、太田、妻沼、熊谷吟行の記　船橋とどろ」『ホトトギス』第二十巻第九号　ホトトギス社　一九一七

埼玉県教育員会・編　『埼玉県の近代化遺産―近代化遺産総合調査報告書―』　埼玉県立博物館　一九九六

埼玉県行政文書ニ一一九　「幡羅郡妻沼村地内利根川脇船橋架設年期継続願ニ添付スベキ請書類並絵図面大里外三郡長ヨリ進達一件」　一八九三　（埼玉県立文書館蔵）

須藤　功　『写真で見る日本生活図引』弘文堂　一九八九
田邊　幹　「メディアとして絵葉書」『新潟県立歴史博物館研究紀要』第三号　新潟県立博物館　二〇〇二
田山花袋　「絵葉書二題」『絵葉書世界』第二季五月号　一九一二
田山花袋　『残雪』春陽堂　一九一八
田山花袋　「妻沼の聖天祠」『一日の行楽』博文館　一九一八
田山花袋　「関東平野の雪」『田山花袋紀行集』第三輯　博文館　一九二二
橋爪紳也　『絵はがき一〇〇年　近代日本のビジュアル・メディア』朝日新聞社　二〇〇六
福島治郎兵衛・編　『根本山参詣路飛渡里案内』一八五九
細馬宏通　『絵はがきの時代』青土社　二〇〇〇
増田育雄　『文豪田山花袋の軌跡『残雪』脱却の旅』二〇〇二　まつやま書房
妻沼町誌編纂委員会・編　『妻沼町誌』妻沼町役場　一九七七
毛利康秀　「絵葉書のメディア論的な予備的分析」『愛国学園大学人間文化研究紀要』第一五号　愛国学園大学人間文化学部　二〇一三
蘆田伊人・編校訂　『新編武蔵風土記稿』雄山閣　一九五七

写真許可

加藤憲 G.R.S 株式会社
熊谷市国際交流協会
埼玉県立文書館
館林市教育委員会文化振興課
田山花袋記念文学館
寶積山大龍寺
妻沼聖天山歓喜院

第四章　葛和田の繁栄
～葛和田河岸の復元的考察～

仲泉　剛

はじめに

本稿は、かつて河岸場を有し、物流の中継地として繁栄した葛和田河岸の景観の復元を試みるものである。

貨物列車などがなかった江戸時代では、海や河川を利用した舟運による物流が主流であり、各地に多くの河岸場が設けられていた。妻沼地域では、葛和田河岸・妻沼河岸・俵瀬河岸・出来島河岸・小島河岸などがあったが、中でも葛和田河岸の歴史は最も古く、江戸時代初期（寛永期頃）からあったとされている。河岸場は、明治一六年（一八八三）の高崎線開通などによりその機能は徐々に衰退していき、さらには、度重なる利根川の洪水の恐れから大正期の大規模な改修工事により堤防が築かれ、河岸場は消滅した。葛和田河岸も例に漏れず、大正二年（一九一三）に改修工事が行われ、河岸場周辺の住民は、堤内への移住を余儀なくされた。河岸場のあったところは、現在サッカー場やグライダーの滑空場になっている。

江戸時代の葛和田は、利根川舟運の中継地として繁栄した。そのため、妻沼地域の歴史を考える上で、葛和田河岸の歴史は重要なテーマである。しかしながら、葛和田河岸に関する古文書はほとんど発見されておらず、その実態は謎につつまれている。古文書がないとはいえ、周辺に遺された関連史料から出来る限り工夫して葛和田河岸の歴史を浮き彫りにすることが求められている。

近年、熊谷市史の調査で一枚の古地図が発見された。「葛和田河岸宿場及俵瀬略家並図（大正元年頃）」（以下、単に古地図とする）と題し、まだ葛和田河岸が存在した大正元年（一九一二）頃の様子を克明に描いたものである。作成者は、水道課長石川一由氏（葛和田上宿）で、現在は秦小学校の所蔵となっている。本稿の最後のページにこの古地図をトレースしたものを掲載した（ただし、俵瀬分を除く）。古地図をみると、今はなき葛和田河岸の景観が克明に描かれており、河岸場があったころの葛和田の様子を復元することができ、大変貴重である。

本稿では、葛和田河岸を出来る限り復元することを試みるが、具体的には、まずは、周辺に遺された江戸時代の史料を用いて、江戸時代の葛和田が舟運によってどのように繁栄していたのかについて検討したい。その上で、大正元年（一九一二）の古地図から葛和田河岸の景観の復元を試みることにしたい。そして、これらの検討を通じて、本書のタイトルにもあるように、先人たちが生きた時代と今とがどのようにつながっているのか、読者の方々にその一端を考える素材を提供できれば幸いである。

一　葛和田の繁栄

葛和田は、利根川舟運の河岸場として栄えていたことは前述のとおりである。では実際には、どれぐらい栄えていたのか。ここでは、周辺村々との比較をしながら、村の規模、河岸場の規模を確認したい（1）。

1　葛和田村の概要

ここでは、葛和田村の概要を確認した上で、村の規模について検討したい。

葛和田村は、江戸時代を通じて、基本的に幕府領であったが、天和元年（一六八一）から貞享二年（一六八五）まで古河藩領で、文政期には御三卿清水領となった期間があった。その後、天保年間には村の一部が旗本藤本氏知行所となり、文久元年（一八六一）には残りの幕府領も旗本平岡氏知行所となっている。

【写真1】利根川渡船　対岸が葛和田（昭和40年頃）
出典：『熊谷市史　別編1　民俗編』（熊谷市、2014年）口絵より転載。

村高は、「武蔵田園簿」に一三七二石余（すべて畑）、「元禄郷帳」に一八四二石、「天保郷帳」に二一〇四石余と推移している。江戸時代の村高の平均は四〇〇石くらいといわれているため、平均の四、五倍の規模であった。

利根川沿いの村であり、葛和田の渡しが、対岸の赤岩村（現、群馬県邑楽郡千代田町）とを結んだ。葛和田の渡しは、元和二年（一六一六）に幕府が関東諸河川の渡し場一六ケ所を定船場に定めたうちの一つであった。現在も葛和田の渡しは残されており、葛和田と赤岩を結んでいる【写真1】。

また、たびたび述べているように河岸場があり、寛永期ごろから江戸への運送が行われていたとされている。

では、実際に葛和田はどのくらい栄えていたのだろうか。妻沼村の人口と比較しながらみていきたい。

【表1】は、妻沼村と葛和田村の人口比をまとめたものである。化政期の史料には軒数のみの記載であるが、妻沼村二一三軒に対し、葛和田村は三五〇軒と妻沼村の軒数を大きく上回っていることが窺える。また、明治九年（一八七六）の史料では、妻沼村の人口一四二二人（軒数三二八軒）に対し、葛和田村の人口は一四六七人（軒数三二六軒）となり、妻沼村の軒数が化政期に比べ増加しているものの、ここでも葛和田村の人口が多かったことがわかる。

明治二二年（一八八九）になると、妻沼村の人口が一九七四人に対し、葛和田村は一二一七人となり、妻沼村の人口の方が多くなっている。この要因については、①葛和田村の一部であった大野が明治一六年（一八八三）に分村したこと、②明治一六年（一八八三）の高崎線開通により舟運が徐々に衰退していったこと、などが考えられる。さらに時代が飛んで、昭和四〇年（一九六五）の人口比をみると、妻沼の四九八八人に対し、葛和田は一四九七人となり、人口に大幅な差が開いている。近代以降の妻沼の人口増加も顕著であるが、葛和田の

村名	年代			
	化政期（※1）	明治9年（※2）	明治22年（※3）	昭和40年（※4）
葛和田	350軒	1467人（326軒）	1217人	1497人
大野（※5）			443人	513人
妻沼	213軒	1422人（328軒）	1974人	4988人

（※1）「新編武蔵国風土記稿」による。
（※2）「武蔵国郡村誌」による。
（※3）埼玉県行政文書 明654―7 抄録「幡羅郡独立町村編成表」による。
（※4）『妻沼町誌』（妻沼町、1977年）、14頁より作成。
（※5）大野は明治16年（1883）に葛和田村から分村した。

【表1】葛和田と妻沼の人口比

人口の停滞は、大正二年（一九一三）の利根川改修工事により、河岸場の機能が失われてしまったことが大きな要因であったことが考えられる。

2　葛和田河岸の規模

次に、周辺の河岸場と比較しながら、葛和田河岸の規模について検討してみたい。特に、ここでは、船問屋の規模と船数の規模に注目しながらみていきたい。

まず、船問屋の規模からみていきたい。船問屋とは、河岸場において廻船などの商船を対象として様々な業務を行った問屋のことである。

安永三年（一七七四）には、葛和田河岸の船問屋株が、（江森）三右衛門（運上永一貫文）、（島田）六右衛門（運上金五〇〇文）、喜兵衛（運上金五〇〇文）の三軒が確認できる。さらに時代が下って、文政一三年（一八三〇）の史料には、船問屋としては、（江森）三右衛門のみ名前が確認でき、（島田）六右衛門と喜兵衛の二軒は、「休株」となっており、それぞれの運上金五〇〇文は（江森）三右衛門が上納している。したがって、江戸時代後半になると、葛和田河岸の船問屋は実質江森三右衛門が単独で勤めていたことが窺える。

運上金とは、船問屋業の特権を幕府から付与される代わりに幕府に上納するものであるが、この運上金は船問屋の営業実績を十分に考慮して設定されたものとみてよいだろう。したがって、船問屋の運上金に注目することで、ある程度河岸場の規模をみることができる。

【表2】は、上利根川筋六河岸の船問屋による運上金をまとめたものである。これをみるとあ

河岸場	問屋数	運上金額	
		合計	内訳
中瀬	2 軒	2500 文	武右衛門（1250 文）・十郎左衛門（1250 文）
高島	2 軒	1750 文	治左衛門（750 文）・吉右衛門（1000 文）
出来島	1 軒	500 文	平六（500 文）
小島	2 軒	650 文	勝右衛門（150 文）・平兵衛（500 文）
葛和田	3 軒	2000 文	六右衛門（500 文）・喜兵衛（500 文）・三右衛門（1000 文）
俵瀬	1 軒	500 文	半兵衛（500 文）

【表 2】船問屋の運上金（上利根川筋 6 河岸）
出典：『新編埼玉県史　資料編 15 近世 6・交通』（埼玉県、1984 年）、733 ～ 735 頁より作成。

る程度河岸場の規模を窺い知ることが可能である。すなわち、運上金の合計が高いものから順に整理すると、中瀬河岸（二五〇〇文）→葛和田河岸（二〇〇〇文）→高島河岸（一七五〇文）→小島河岸（六五〇文）→俵瀬河岸（五〇〇文）・出来島河岸（五〇〇文）ということになる。葛和田河岸は中瀬河岸に次いで大きな河岸場であったことが推察されよう。なお、妻沼河岸は運上金の書上げがなく、その実態は不明である。

次に、河岸場の船数に注目してみていきたい。

まずは、葛和田河岸の船についてみていきたい。文政一三年（一八三〇）の史料によれば、葛和田河岸には、高瀬船一六艘、艜《ひらた》船八艘、艀《はしけ》船四艘、川下小船（村持）四艘、出水用心船一三艘（うち八艘村持）、馬渡船（三疋立・村持）一艘、歩行渡船（村持）一艘、合計四七艘であったことがわかる。

利根川の物資輸送用の川船には、高瀬船・艜船・茶船・艀下船・小船の五種類が基本であったとされる。中でも、最大規模は高瀬船であり、その次に規模が大きいものとしては艜船があったが、地域によって大小は様々であり、一概にどちらが大船であったかはいえない。特に、上利根川筋では、早くも明暦三年（一六五七）に艜船があったことが知られている。葛和田河岸は、高瀬船一六艘に対して艜船八艘と数は少ないものの、その年貢高をみると、最高の一貫三〇〇文の艜船が四艘もあり、全体的に艜船が大船の割合を占めていることが窺える（【表3】）。

もう少し踏み込んで大船である高瀬船と艜船に注目してみよう。【表4】は周辺の河岸場の高瀬船・艜船の分布を示したものである。初出年代は様々であるため一概にはいえないが、周辺の河

年貢長銭	高瀬	艜
1,300 文	1 艘	4 艘
1,250	2	1
1,200	1	1
1,100	4	
1,050	4	1
1,000	1	1
950	1	
900	1	
700	1	
計	16	8

【表 3】文政 13 年（1830）葛和田河岸の川船
出典：川名登『近世日本の川船研究〈上〉』（日本経済評論社、2003 年）、259 頁より転載。

	高瀬船		艜船			高瀬船		艜船	
河岸・村名	船数	初出年代	船数	初出年代	河岸・村名	船数	初出年代	船数	初出年代
稲子	4	享保 14			伊勢崎	1	寛政 2	1	天明 5
川俣	6	弘化 4			平塚	3	明治 3	5	明暦 3
大輪	1	明治 10			一本木			3	明暦 3
酒巻	1	文化 14			荒井			1	明暦 3
葛和田	16	文政 13	8	文政 13	八斗島			1	明暦 3
舞木			1	明暦 3	三友			1	明暦 3
古海	1	安永 3	2	文政 13	沼ノ上			6	明暦 3
古戸			1	文政 10	川井			1	寛政 2
石塚			1	明暦 3	藤ノ木			21	寛政 12
前島			3	明暦 3	黛（藤木）			10	安政 5
高島	1	明治 9			倉賀野			4	明暦 3
中瀬	18	明治 9							
島			30	明和 3					

【表 4】上利根川筋における高瀬船・艜船の分布
出典：川名登『近世日本の川船研究〈上〉』（日本経済評論社、2003 年）、224 ～ 225 頁より作成。

岸場に比べて高瀬船・艜船の所持数が比較的多いことがわかる。葛和田河岸は利根川上流の中でも大きな河岸場であったということが窺えるであろう。

二　葛和田河岸の景観を復元する

ここまで周辺に遺された江戸時代の史料を用いて、村や河岸場の規模について検討してきた。ここでは古地図を手掛かりに葛和田河岸の景観を復元したい。

1　古地図の作成背景とその意義

「はじめに」で述べた古地図について、作成の歴史的背景を含めて、もう少し詳しく説明を加えておきたい。

古地図はいつ頃作成されたのか。結論から述べると、古地図は同時代に作成されたものではなく、昭和四〇年代から五〇年代になり、河岸場のあったころの葛和田を知っている、主に明治生まれの方々に取材をして作成したものである。

前述したように、大正二年（一九一三）に利根川の大規模改修工事があり、河岸場に居住していた住民は堤内への移住を余儀なくされ、以降、河岸場は役目を終えた。現在葛和田の堤防の上に、「利根川改修工事碑」が建立されているが、そこには、「大字葛和田に於て土地を売却すること五十町歩、家屋を移伝すること六十六戸の多きに及へり」とあり、改修工事に伴い売却した土地は五〇町歩に及び、六六戸もの家屋の移転を余儀なくされたことを今に伝える。

昭和に入り、河岸場があった頃の葛和田を知る人びとが高齢となってきたため、後世にその歴史を伝えようとする動きがみられた。

その一つに「向野記念誌」（２）の編さんが挙げられよう。これは、利根川河川改修移転六〇周年を記念して、昭和五一年（一九七六）に、森甚太郎氏を代表とし、主に明治生まれの人びとが中心となって編さんしたものである。大正二年（一九一三）の改修工事に伴って移転した向野地区の歴史やそこに住んでいた人びとのなりわいについて詳細に取材しまとめられている。中でも注目したいのが、「向野記念誌」と古地図の記述の一部に重複がみられるということである。つまり、石川一由氏は古地図作成にあたり、「向野記念誌」を参照、あるいは、それを編さんした方々に取材をしていたものと思われる。

この他にも、妻沼町教育委員会専門委員であった奈良原春作氏や葛和田（荒宿）の人で大杉神社の歴史をまとめた岡田定雄氏（３）なども河岸場のあった頃の葛和田の聞き取り調査を行っている。

このように、昭和四〇年から五〇年代にかけて、郷土の歴史を後世に残そうと聞き取り調査が行われた。石川一由氏の古地図作成もその一環であったと考えられる。当時今はなき河岸場の聞き取り調査を中心に行われたものは多いが、石川一由氏作成の古地図は、それだけでなく堤内の町並みまでも含めて地図にした点で重要であろう。

以上みてきたように、古地図は、同時代に書かれたものではないが、昭和に入って、明治時代に生きていた方々へ取材をし、復元を試みたものである。史料の扱いに細心の注意を払う必要があるが、現存している中で改修工事以前の葛和田を描くもっとも優れた地図であるといえる。このことを念頭に置き、古地図を読み込むことで、改修工事以前の葛和田を詳細に復元することが可能である。また、聞き取り調査で得た情報が盛り込まれており、この地図を入り口として、他の関連資料と突き合わせことで信憑性を高めることも可能である。

2　葛和田河岸に生きる人びと

次に、葛和田河岸に生きた人びとのなりわいについてみていきたい。

船頭

船頭は、船を漕ぐ職業のことで、古地図の河岸場付近に四軒みられる。柴崎愛助家については、「当家はしもんちと称し家名を代々伊兵衛と呼ぶ、向野のきっての豪家なり、（中略）、何代か経て利根川を大きな舟「高瀬舟」で東京を往復するように」（4）なったと記されている。花沢初太郎（屋号・稲荷様）は、古地図に「製糸業・農業を兼ね、大船に稲荷丸の旗を立て航海した」ことが記されている。この他、高野与三郎・羽鳥源太郎も大船の船頭であった。

渡船場船頭

同じ船頭でも渡船を専業とする船頭もあった。古地図にみえる渡船塔のすぐ左に高野仙吉家がある。高野家は「向野・舞木に通ずる渡舟の舟乗りを業とし」（5）とあり、葛和田・舞木間の渡船場の船頭を専業していたようである。古地図によれば、明治三六年（一九〇三）には、葛和田・赤岩間の渡船だけではなく、葛和田・舞木間の渡船場も開設されている。事実、大正二年（一九一三）に利根川の改修工事が行われるため、この葛和田・舞木間の渡船場は一〇年間しか活動しなかったことになる。

船大工

船大工は、船の建造や修理をおこなう大工職人である。川船は川の状況にもよるが新造より三年目から修理を始め、急流では三、四年で造り替えるという。そのため船のある村や河岸には数軒の船大工がいることが多かった（6）。古地図をみると、河岸場だけでなく、「荒宿」にも船大工の家が数軒みえる。中でも、「向野」の江黒清十郎家については、「当家は群馬県大川村より土着してより数代代々農蚕業に従事す傍に、父弥吉の代より船大工の棟梁として栄え、氏は父の跡を嗣ぎ広く業を起し利根川流域の舟を造り貢献するところまた大なり」（7）とあり、父子二代にわたり船大工の棟梁として活躍していたことがわかる。

砂利砂商

古地図に「砂利置場」がみえる。砂利砂は、家屋の建築、特にコンクリート工事に必要な混合用に用いるものであり、それを商売としている人びともいた。木島利三郎家は、「土着して以来数十代を閲し、氏に至り専ら農蚕業に従事し、長子仲次郎氏家を継ぎ傍らに小舟に乗り利根川より砂利砂等を採取して販売業とす」（8）とある。

引船人足

船が上流へ上る時には、風帆だけでは航行できない場合があり、その際は引船人足（「ヒッツケ引き」ともいう）を雇い、綱をつけて曳いた。上利根川筋では、赤岩・葛和田・舞木あたりから水の勢いが強くなるため、上流へ上る際にはこの引船人足を使っていた。この引船人足は近辺の村々から雇ったが、人足賃銭などをめぐっては江戸時代から何度か訴訟があった（9）。長井宗吉家は、「当家は西島より土着して数年長井一族の総本家と云う、菓し果物肥料商を営む氏はヒッツケ引きの権利を持ち其の世話役に選ばれて世話役をなす。ヒッツケとは葛和田河岸より以北即ち妻沼・中瀬方面には川の流れが強いので上れません故にヒッツケの力を借りて上流に上ります、舟のへ先に網をつけて大勢で目的の河岸に引きあげるのです」（10）とあり、引船人足の世話役を勤めていたことが窺える。

3　大正元年の葛和田を歩く

今度は、河岸場のみならず古地図全体に目を向けたい。古地図は大正元年（一九一二）頃の葛和田を描いているため、今から一〇〇年以上昔の葛和田の様子を知ることができる。

古地図では、「向野」「山入」「上宿」「中宿」「下宿」「荒宿」が描かれている。「向野」と「荒宿」の一部は、改修工事の際、堤内に移転しており、「荒宿」の北側に住んでいた人びとは「荒宿」の南側に移住した。また、「向野」はすべて堤外に位置したため、西側に移住し、現在の「向野」地区を形成した。

古地図に描かれている「秦小学校」「大龍寺」「神明社」「天神社」「七郎兵衛稲荷」などは現在とほぼ同じ位置にあり、現在と比較する際の重要なポイントとなるであろう。また、道路も現在とほぼ変わっていない。「上宿」「中宿」「下宿」を繋ぐ「宿通り」の道は、江戸時代からあったとされる。この「宿通り」は、特に道幅が広く、河岸で荷揚げされた物資を運んだ道である。

さて、古地図で最も魅力的なのは、屋号が描かれている点であろう。「向野」「荒宿」地区の屋号には、「大船」「船大工」など船に関わる屋号が多く、「上宿」「中宿」「下宿」には、「おけや」「こくや」「菓子や」など、いわゆる生活に必要な商売をなりわいとしていた人びとが多いことがわかる。この頃の葛和田は、河岸場の機能が徐々に衰退していた頃ではあるが、ある程度葛和田の中で生活が完結していたものと思われる。現在は、ほとんどの家が商売を辞めてしまったが、これらの屋号は現在でも地域で使用されており、その名残を今に残している。また、「江森代官屋敷」「元船問屋島田六右衛門様」「元名主弥五衛門様」などは江戸時代からの名残である。船問屋を勤めた島田（六兵衛・六右衛門）家は一七世紀より葛和田に居住しており（11）、「下宿」にみえる「島六」は島田六兵衛が所持していた土地であった。現在その土地の一部に「秦公民館」が立っており、僅かに当時の石垣が残るだけであるが、「島六」という呼称は地域に今も残されている。

一方、古地図には現在はみられないものも描かれている。例えば、古地図には道閑堀に掛かっていた五つの橋が描かれている。すなわち、「和泉（屋）橋」「天野橋」「江森橋」「陣屋橋」「島橋」である。名称の由来については、おそらく「和泉（屋）橋」は近くに和泉屋の屋号を持つ小暮栄三郎氏が、「天野橋」は近くに天野谷三郎氏が、「江森橋」は近くに江森家（江森代官屋敷）がそれぞれ住居していたためであろう。しかし、残りの「陣屋橋」「島橋」の名称の由来については不明である。また、「和泉（屋）橋」「天野橋」「江森橋」は堤外にあり、現在はその跡をみることはできないが、「陣屋橋」は跡地に「陣屋橋」と書かれた石碑が置かれている【写真2】。なお、「島橋」は、現在のやさい広場付近に掛かっていた。

【写真 2】陣屋橋の石碑
仲泉剛撮影。

また、古地図には庚申塔が描かれている。庚申塔の多くは、本来の場所から移動しているものが多いが、本来は道標として道の辻に置かれていた。現存している庚申塔の一つに、神明社境内にある弘化五年（一八四八）のものがある。この庚申塔には、「東　行田」「北　かし道」「西めぬま道」と記されている。また、大龍寺境内にある寛政一二年（一八〇〇）の庚申塔には、「東ぎょうだ　わたしば　道」「南　くまがや」「西　めぬま　ほんじや　う」と書かれている【写真3】。これらの庚申塔からも葛和田には河岸場と渡船場があったことを今に伝える。

【写真3】庚申塔（大龍寺境内）
出典：『熊谷市史　別編1　民俗編』（熊谷市、2014年）、335頁より転載。

まとめにかえて

以上みてきたように、葛和田は、かつて利根川舟運の河岸場として、江戸時代から明治時代に及ぶまで栄えていた。また、古地図をみると、在りし日の葛和田の景観を詳細にみることができ、先人たちとのつながりを再確認できる。

最後に、葛和田河岸と大杉信仰との関係について紹介し、今とのつながりを考え、まとめにかえたい。

大杉信仰は、舟運との関わりで、水上交通の安全の神様として、利根川周辺や太平洋沿岸で広く信仰された。この神様は、「あんば様」「大杉様」と呼ばれ、茨城県稲敷市阿波の大杉神社が本社とされている。

葛和田の地に大杉神社が祀られるようになった経緯については、当地に「船頭与助伝説」という話が伝わっている。その概略は次のとおりである。

「昔、葛和田村の与助という腕利きの船頭が、百石船に米や薪などを積んで、利根川を江戸に向かって下っているとき、霞ヶ浦で暴風雨に遭遇した。そこで思わず「なむ、大杉大明神」と唱えたところ、不思議にも荒れ狂う波の上に白髪の大杉様があらわれ、木の葉のようにゆれる与助の船を片手でつかみ、波の静かな場所まで運んで助けてくれたという。与助からその話を聞いた村人たちは、あらためて大杉様の霊験あらたかなることを知り、与助を助けてくれたお礼と航路安全を願って大神輿を造り、利根川に飛び込んで神輿をもみあい、感謝の祭りを行うようになったという。この行事は現在も、葛和田の鎮守神明神社（大杉様を合祀）の夏祭りの「あばれ神輿」として伝承されている。神輿を荒々しくもむのは、与助の船が暴雨風にもまれた故事によるとも伝える。」(12)

与助の伝説が史実かどうかは分からないが、享和二年（一八〇二）以前に記された『武蔵志』(13)をみると、葛和田村には大杉神社が既に祀られていたことが確認

【写真 4】大杉神社社殿修築記念
出典：奈良原春作・編『ふるさとの想い出写真集 明治・大正・昭和妻沼』（国書刊行会、1981 年）、105 頁より転載。

でき、少なくとも江戸時代には存在していたことがわかる。また、前述の岡田定雄氏によれば、昭和三〇年頃に神輿の大修理をした際、神輿の屋根裏に造営の発起人と造営年が明記されていたようであるが、その記録は残っていないという。ただ、言い伝えには、享和年間に造られたとしている(14)。

大杉神社は、河岸場付近で道閑堀の南側にあったが、大正二年（一九一三）の改修工事によって、現在の神明社境内に合祀された。移転に際しては、御堂・石の鳥居・幟旗の石枠・狛犬一対が神明社境内に移された。江戸時代造営の社殿であったためにいたみも著しく、大正一四年（一九二五）に社殿が修築されている【写真4】。

「あばれ神輿」は、「船側」と呼ばれた船頭仲間が中心となり行うとともに、神輿の川入

【写真 5】昭和 18 年のあばれ神輿
出典：熊谷市立秦小学校所蔵。

【写真 6】現在のあばれ神輿
出典：『熊谷市史　別編 1　民俗編』（熊谷市、2014 年）、口絵より転載。

りの斎場では、高瀬船数一〇隻が集結したと伝わっているが、陸運の発達に伴い船頭の数が減少したため、現在のような運営方法がとられている(15)。利根川の改修工事から一〇〇年以上経ち、河岸場で栄えた頃の面影は消えてしまっているものも少なくないが、形を変えながら現在も脈々と続けられている「あばれ神輿」の祭礼は、舟運で栄えた葛和田河岸の歴史を今に伝えている【写真5・6】。

註

1　江戸時代の葛和田河岸については、栗原健一「江戸時代の葛和田河岸」（未刊、熊谷市市政宅配講座〈秦公民館〉レジュメ、二〇一九年）に詳しい。本稿においても大いに参照した。
2　森甚太郎他・編『利根川河川改修移転六十周年　向野記念誌』（未刊、一九七六年）。
3　岡田定雄『大杉様由来』（自家出版、一九八四年）。
4　森甚太郎他・編『利根川河川改修移転六十周年　向野記念誌』（未刊、一九七六年）、三〇頁。
5　森甚太郎他・編『利根川河川改修移転六十周年　向野記念誌』（未刊、一九七六年）、四三～四四頁。
6　利根川文化研究会『利根川荒川事典』（国書刊行会、二〇〇四年）、三二四頁。
7　森甚太郎他・編『利根川河川改修移転六十周年　向野記念誌』（未刊、一九七六年）、三五頁。
8　森甚太郎他・編『利根川河川改修移転六十周年　向野記念誌』（未刊、一九七六年）、三二頁。
9　利根川文化研究会『利根川荒川事典』（国書刊行会、二〇〇四年）、三二六頁。なお、江戸時代の引船人足をめぐる争論については、佐藤孝之「上利根川の引船人足をめぐる争論史料（上）」（『利根川文化研究』三一〈埼玉県特集〉〈利根川文化研究会、二〇〇八年〉所収)、同「上利根川の引船人足をめぐる争論史料(下)(『利根川文化研究』三三〈利根川文化研究会、二〇〇八年〉所収)に詳しい。

10 森甚太郎他・編『利根川河川改修移転六十周年 向野記念誌』(未刊、一九七六年)、四二頁。

11 医王寺の仏像「木像薬師如来坐像」には江戸時代に修繕した際の墨書があるが、最も古い元禄三年(一六九〇)に「島田六兵衛」の名がみえる『熊谷市史調査報告書 仏像・仏画1』(熊谷市、二〇二〇年)。

12 利根川文化研究会『利根川荒川事典』(国書刊行会、二〇〇四年)、一三二頁。

13 『新編埼玉県史 資料編10 近世1・地誌』(埼玉県、一九七九年)、三四八頁。

14 岡田定雄『大杉様由来』(自家出版、一九八四年)、一三頁。

15 『熊谷市史 別編1 民俗編』(熊谷市、二〇一四年)、三七〇頁。

【付記】本稿の作成にあたっては、立正大学講師栗原健一先生、秦公民館長荻野俊行氏をはじめ秦地区の皆様より貴重なご意見を頂戴した。また、史料閲覧については、秦小学校の皆様、及び斎藤健一氏の御協力を賜った。末筆ながら感謝申し上げたい。

参考引用文献

栗原健一「江戸時代の葛和田河岸」（未刊、熊谷市市政宅配講座〈秦公民館〉レジュメ、二〇一九年）
岡田定雄『大杉様由来』（自家出版、一九八四年）
川名登『近世日本の川船研究（上）』（日本経済評論社、二〇〇三年）
『新編埼玉県史　資料編10　近世1・地誌』（埼玉県、一九七九年）
『新編埼玉県史　資料編15　近世6・交通』（埼玉県、一九八四年）
『熊谷市史　別編1　民俗編』（熊谷市、一九八四年）
『熊谷市史調査報告書　仏像・仏画1』（熊谷市、二〇二〇年）
利根川文化研究会『利根川荒川事典』（国書刊行会、二〇〇四年）
奈良原春作・編『ふるさとの想い出写真集明治・大正・昭和妻沼』（国書刊行会、一九八一年）
森甚太郎他・編『利根川河川改修移転六十周年　向野記念誌』（未刊、一九七六年）

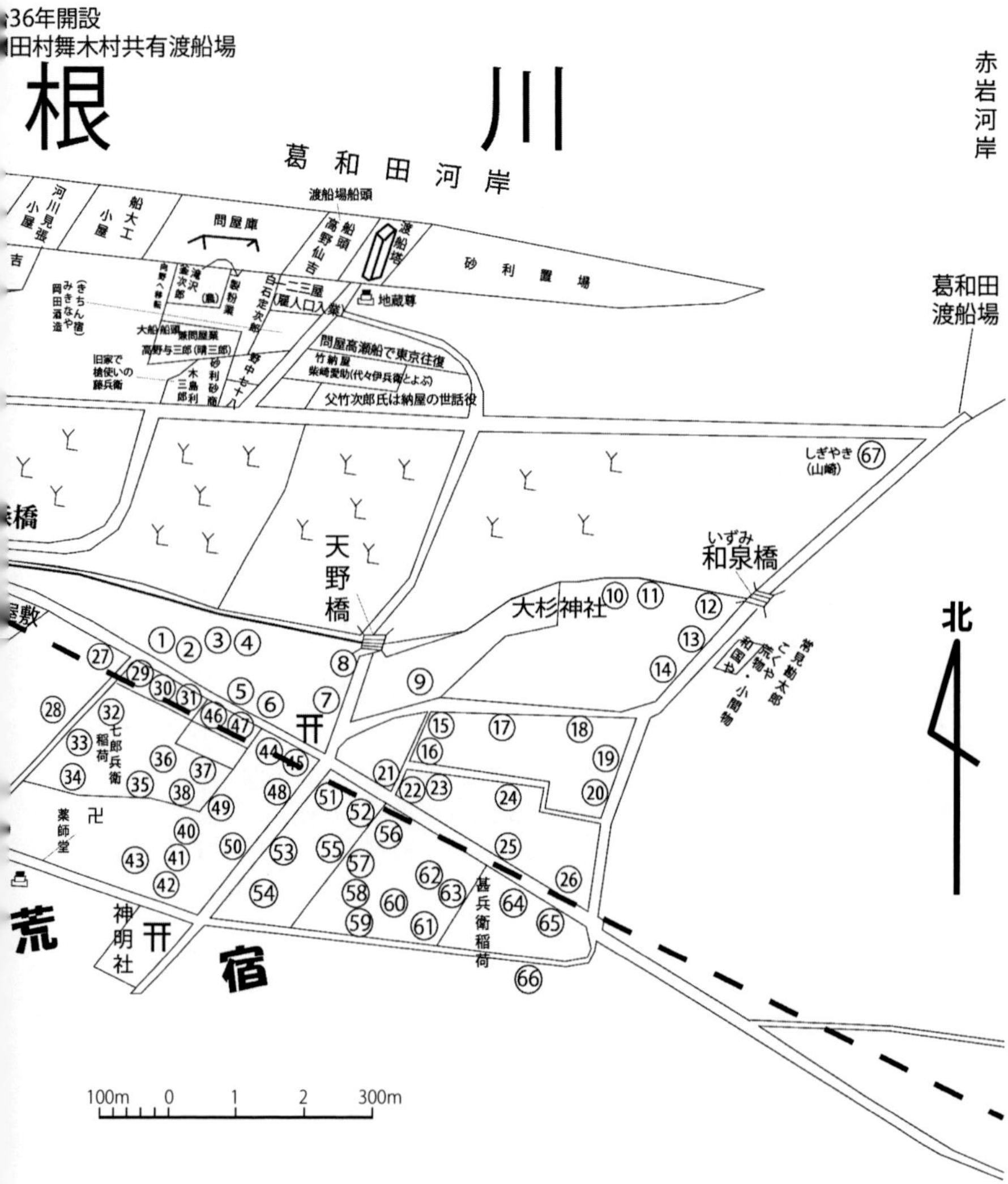

葛和田河岸宿場及俵瀬略家並図（大正元年頃）トレース図

本図は、秦小学校所蔵「葛和田河岸宿場及俵瀬略家並図（大正元年頃）」の内、
葛和田のみをトレースし、俵瀬分は除いたものである。
また、地図中央の点線は、大正期の大規模改修工事で築かれた堤防を示す。
なお、トレース図で示した番号（1～68）の屋号・氏名は、142～143頁にまとめた。

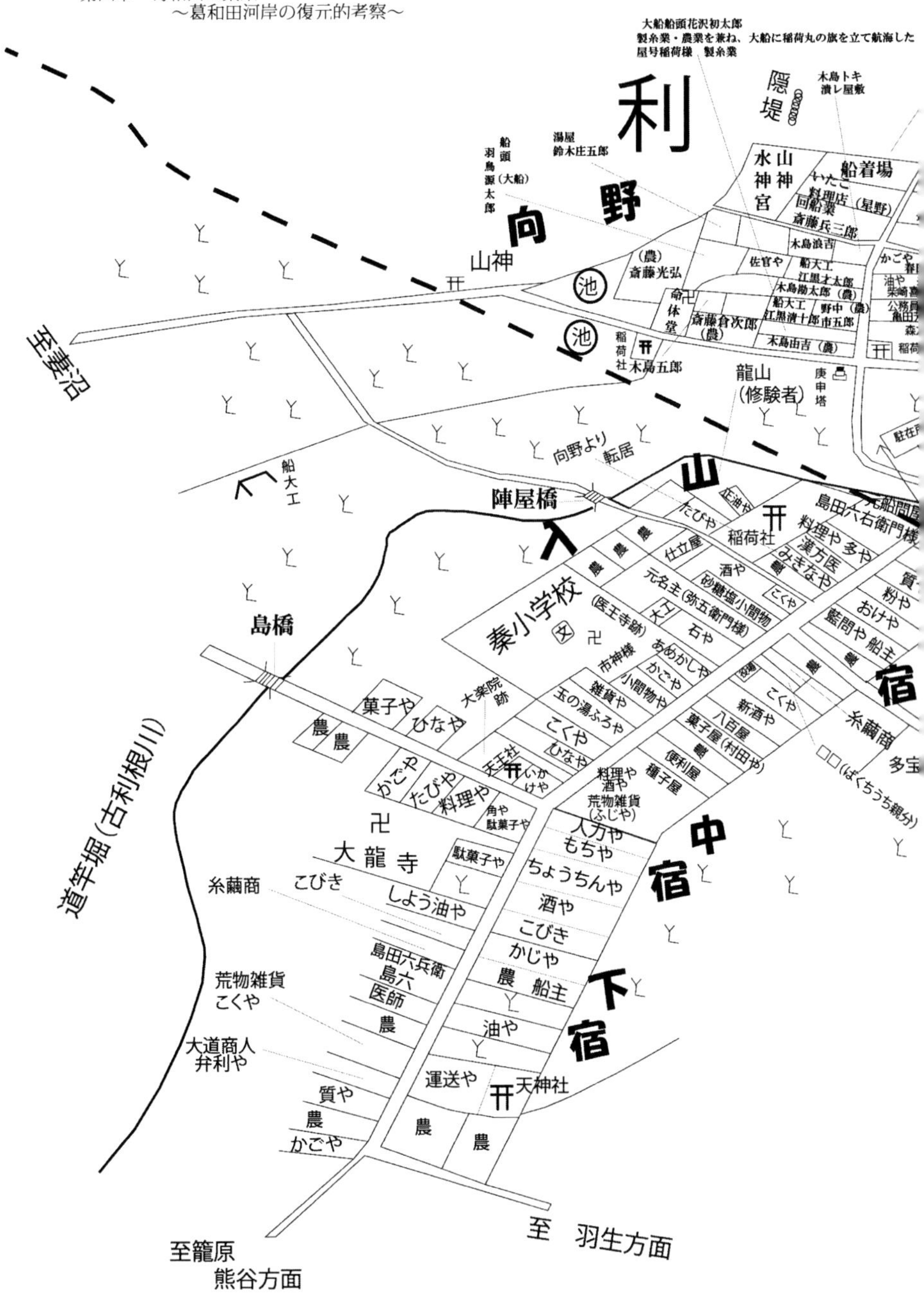
大船船頭花沢初太郎
製糸業・農業を兼ね、大船に稲荷丸の旗を立て航海した
屋号稲荷様　製糸業
利
隠堤
木島トキ
潰レ屋敷
船頭
羽鳥源太郎
（大船）
湯屋
鈴木庄五郎
水神宮
山神
船着場
いたこ
料理店（星野）
回船業
斎藤兵三郎
向
野
山神
木島浪吉
（農）
斎藤光弘
佐官や
船大工
江黒才太郎
木島勘太郎（農）
命体堂
船大工
江黒清十郎
野中（農）
市五郎
斎藤倉次郎
（農）
木島由吉（農）
稲荷社
木島五郎
龍山
（修験者）
庚申塔
至妻沼
船大工
向野より
転居
陣屋橋
山
入
正油や
たびや
稲荷社
島田六右衛門様
料理や
多や
漢方医
みきなや
仕立屋
酒や
元名主（弥五衛門様）
砂糖塩小間物
こくや
秦小学校
（医王寺跡）
大工
石や
質
粉や
おけや
藍問や
船主
宿
島橋
あめかしや
市神様
かごや
小間物や
雑貨や
玉の湯ふろや
こくや
ひなや
役場
こくや
新酒や
八百屋
菓子屋（村田や）
便利屋
種子屋
糸繭商
多宝
□□（ばくちうち親分）
菓子や
ひなや
大楽院跡
農
農
天王社
いかけや
かごや
たびや
料理や
角や
駄菓子や
料理や
酒や
荒物雑貨
（ふじや）
人力や
もちや
ちょうちんや
酒や
中
宿
道竿堀（古利根川）
大龍寺
駄菓子や
糸繭商
こびき
しよう油や
こびき
かじや
島田六兵衛
島六
医師
農
農
船主
荒物雑貨
こくや
油や
下
宿
大道商人
弁利や
運送や
天神社
質や
農
かごや
農
農
至　羽生方面
至籠原
熊谷方面

No.	屋号	氏名	No.	屋号	氏名
37	風呂屋	坂上梅吉	55		江森留吉
38	仕立屋	金子木蔵	56		斉藤縫作
39		今村武平	57	菓子や	小林兵平
40	船主	森銅八郎	58		石川重太郎
41	たまごや	堀越佐賀吉	59		石関兼俊
42		江森竹三郎	60	質や	石関八十郎
43		滝沢伝之助	61		藤内
44		小暮啓造	62		斉藤友一
45	せんべいや・酒・駄菓子や	大谷夏造	63		斉藤由太郎
46	ぬしや		64		中川春一
47	下駄や	久保田三郎	65	畳や	中川■吉
48			66		中川寅吉
49	大工	江森かずえ	67	しぎやき	山崎利八
50		江森要	68		中川■ミ
51	雑貨商	斉藤高重			
52	船主	栗原清五郎			
53	屋根や	今村市作			
54		巻川政吉			

荒宿部分の屋号表（葛和田河岸宿場及俵瀬略家並図〈大正元年頃〉トレース図）

No.	屋号	氏名	No.	屋号	氏名
1	荒物雑貨商	木村初太郎	19	唐傘や	
2	よろづや 船主	斉藤青太郎	20	植木や	峰岸タキ
3		小暮学太郎	21		金子喜代一
4		金子光三郎	22		天野彦六
5	福田屋　石や	岡田新太郎	23	車引	松本良助
6	石や	岡田清三郎	24	だんごや	高橋貞一
7		宮田高十郎	25		遠藤金吉
8	倉庫業・雑貨や	天野谷三郎	26		板倉サダ
9	大船	島田芳五郎	27	船主	金子弥平
10	船大工	巻川岩五郎	28		天野和輔
11	森田や・桶や・人夫斡旋や	岡田儀三郎	29	大工・雑貨商	鈴木滝三郎
12	和泉や（いずみや）飲食業・石や	小暮栄三郎	30	氏名不詳　おなかごぜ	
13		山崎利八	31	芸人	祭文の藤左衛門
14	船大工	巻川音三郎	32	按摩	石川イチ
15		天野留三郎	33	屋根や	今村順八
16	かごや	武藤国次	34		今村俊助
17		坂上久作	35		斉藤清太郎
18	船主	巻川長次郎 （鍋十郎）	36	小此木才三郎	

第五章　明治四三年の大水害による妻沼の大変貌
～災害伝承碑から見る～

矢嶋正幸

はじめに

日本三大河川の一つに数えられる利根川は、妻沼地域の風土に決定的な役割を担っている。妻沼は、米・ネギ・大和芋などを産する熊谷を代表する農作地帯となっているが、豊かな実りを育む肥沃な土壌は、利根川の沖積土に由来している。妻沼の町は、聖天山の門前町として形成されたものであるが、その基盤となったのは渡し場としての役割だった。現在、熊谷から太田へと南北に抜ける県道三四一号は、かつての鎌倉街道の脇往還で、多くの旅人が足跡を残している。

利根川は、肥沃な土壌や交通の便といった恩恵をもたらす一方、洪水を引き起こし、人の営みを洗い流してしまう恐ろしい面も持ち合わせている。妻沼地域では、江戸時代から明治にかけて二八回の洪水が記録されている（妻沼町誌編纂委員会　一九七七）。

その中でも最も被害が大きかったのが、寛保二年（一七四二）に起きた大洪水である。近畿・関東・北陸を襲った暴風雨によって河川が氾濫し、関東平野のほとんどが水没している。この時決壊した利根川沿いの堤防修理のため、幕府は西国大名に御手伝普請を命じた（葛飾区郷土と天文の博物館　二〇〇七）。妻沼地域の普請工事は、岩国藩が担当することになった。大洪水当時、妻沼では林正清を棟梁として聖天堂造営工事が進められていたが、被害を受けて中断せざるをえなかった。御手伝普請で妻沼を訪れた岩国藩士、長谷川重右衛門は、造営中の聖天堂を見て貴惣門の設計を思い立ち、正清に設計図を託す。それから一〇〇年余りを経た嘉永四年（一八五一）、正清の子孫の正道によって、日本に四例しかないという壮麗な門が完成することになる。その後貴惣門は、国指定重要文化財となり、聖天堂と並んで妻沼地域の誇りとなっている。このように洪水が取り持つ縁によって、妻沼の文化は育まれてきた面もある。

さて、寛保の大洪水のインパクトは大きく、妻沼には洪水のことを記した二つの石碑が立っている。聖天山境内の「聖泉湧出碑」（①）と、利根川堤防沿いの若宮八幡神社の「八幡宮湧泉之記」（②）がそれである（金谷　二〇〇八）。両碑ともに橋上五郎兵衛という人物が、洪水後に清潔な水がなくなって難儀していたところ、湧き水のおかげで飲用水が確保できたことを神仏に感謝するといった内容となっている。

近年、国土交通省が中心となって、こうした石碑を「自然災害伝承碑」と命名し、地図記号も作成して、地域住民に周知させようと動いている。こうした動きの契機となったのは、平成二三年（二〇一一）の東日本大震災である。かつての津波被害を記した石碑があったにも関わらず、住人達から存在が忘れられていたため、教訓を生かすことができずに同じ被害を繰り返してしまったという反省に立っている。

自然災害伝承碑というものは、作られたばかりの概念であるから、どこまでがその対象となるのか不明瞭なところがある。例えば耕地整理記念碑といった災害とは異なる主題の石碑の中に、かつての洪水の記述が一言だけあったりするのは、自然災害伝承碑に入れてよいのだろうか。令和四年（二〇二二）、川の博物館で企画展『埼玉県の災害伝承碑』が開催された。この企画展内では、飢饉や疾病といった直接自然災害とは言い難い事柄をも含んだ内容だったためだろうか、災害伝承碑という名称を使用している。

地図記号を通して、災害の歴史を啓蒙するという趣旨からすれば、対象範囲を広げてなんでも自然災害伝承碑にしてしまっても良いのかもしれない。しかし、私は「災害伝承碑」という言葉を使いたい。それは自然災害に限定してしまっては、関東大震災後の朝鮮人虐殺といった二次被害や戦災といったものが、零《こぼ》れ落ちてしまうことを懸念するためである。また、天明の飢饉は、浅間山の大噴火によって生じた冷害も一因とされる。だからと言って、飢饉を自然災害と定義してしまうのには躊躇《とまど》いがある。飢饉が発生するのは、藩権力の年貢米収奪や商人の売り惜しみといた人災の面も大きいからである。また耕地整理記念碑や顕彰碑といった直接災害を主題としていない石碑も、一言でも災害の記述があれば、災害伝承碑として取り扱うことにしたい。

さて、本稿では、明治四三年（一九一〇）の大水害を中心にした災害伝承碑を取り上げる。それは、本災害が近代最大の被害をもたらしたと同時に、被災を機にして利根川の治水政策が一変し、それに伴って妻沼地域の景観や生活も大きく変化したためである。

本文中、災害伝承碑の概要を現代文に直して紹介する際に、読みやすさを優先して省略した箇所が多くなっているが、一般書であることを踏まえてのこととご了解いただきたい。また、翻刻されているものについては、その出典を表中に記しておいた。現地の伝承碑は、苔むしていたり、影の加減で読み取りづらいものもある。現地探訪の参考にしていただきたい。

一　妻沼の地形的特徴

現在、行政上の妻沼という地名は、聖天山を中心にした地区のみを指すが、日常会話の中で妻沼地域と言った時には、熊谷市と合併する前の旧妻沼町の範囲を示すことが多い。明治四三年（一九一〇）当時は、妻沼村・弥藤吾村・長井村・秦村・男沼村・太田村から成り、大正二年（一九一三）に妻沼村と弥藤吾村が合併し妻沼町となり、昭和三〇年（一九五五）に残りの村と合併して、改めて旧妻沼町となった。妻沼地域は、中世に存在した長井庄の領域と被っており、共通の文化を持つ地域として、今もまとまりを保っている。

妻沼の地域性を決定づけているのが、冒頭でも触れた利根川の存在である。現在の利根川は、長大な堤防によって流路が固定化されているが、近代以前は洪水のたびに流路が移り変わっていた。小島地区が利根川を挟んで飛び地となっているのは、かつての流路変更の名残である。

関東での治水史で大きな位置を占めるのが、江戸時代初期におこなわれた利根川東遷である。それまで江戸湾に流れ込んでいた利根川は、元和七年（一六二一）の羽生市上川俣の会の川締め切り、承応三年（一六五四）の赤堀川開削工事によって太平洋へ繋がることになった。

上川俣の上流部、行田市酒巻と千代田町瀬戸井の利根川両岸には、近世から堤防が設置されていたが、川幅が意図的に狭く作られていた。さらに上流に行くと福川との合流点に差し掛かる。深谷市岡を水源として、酒巻で利根川と合流する福川南岸には、中条堤と呼ばれる長さ六．五キロの堤が設置されている。この辺りはいわゆる不連続堤で、合流点から葛和田までの利根川南岸と、福川北岸には堤が設置されていない。それは洪水時に、酒巻・瀬戸井に設けられた狭窄部《きょうさくぶ》によって大量の水が下流に流れるのを押しとどめて福川方面に誘水し、妻沼地域を遊水地とするためであった。中条堤は、関東治水の要として位置づけられていたが、洪水の被害を受ける上郷と、守られる下郷の間では、堤の利害をめぐって争いが絶えなかった。

二　明治以降の地域住民の動き

こうした特定地域に負担をかけるような治水の在り方に対して、明治時代に入ると地域住民から抗議の声があがるようになった。そうした声を取りまとめた一人が、太田村の堀江庸寛《ようかん》である。堀江の治水に関する業績を記した大正六年（一九一七）「堀江庸寛翁碑」が阿弥陀寺の門前に立っている（③）。

堀江庸寛翁碑

翁の諱は庸寛、通称は吉弥という。大里郡太田村の人である。忠厚慈愛の人で、志士仁人の雰囲気を持っていた。若いころから百姓代となり、明治になってからは副戸長・連合戸長・水利総代を務めた。役職についていた時に、利根川が氾濫して沿水の村々は苦しんだ。被害が大きいのは太田・男沼・明戸の村々であった。住民の中には疲弊してよその土地に流れ込むものも多かった。明治元年の洪水の時には、上毛新田郡前小屋村の堤防が崩れた。王政維新のころであるので、諸事定まらず、人心も落ち着かなかった。修理もされぬまま数年が経ち、利根川の水は勢いを増して堤防を破壊し、小山川と合流して流れるようになった。氾濫の被害は年経るごとに激しさを増していった。

翁は現状に憤って、同志である掛川豊澤・荻原信有らと相談し、各村の有志を集めて、築堤の要望書を官に提出した。東奔西走すること二〇余年。屈することはなかった。官は実況を視察し、前小屋に新たな川を通すのが急要と認めた。全て翁が申請していた通りになった。修造工事も終わって、沿岸の住民は安心を得た。これは翁や有志諸氏らの多年の苦心によるものである。

大正五年一月一一日に病没した。享年七二歳。翁の功績を残すために、碑銘を残す。

堀江は永井太田の豪農の出身。若いころから百姓代を務めた村の名望家であった。明治元年（一八六八）に起きた洪水は大きなもので、対岸にあたる新田郡前小屋の堤防も破壊された。この時は明治の動乱期に当たり、ろくな修復もなされぬまま放置され、その後も度々の洪水に襲われた。堀江は、そうした現状を憂えて、陳情書を県や政府に何度も送っている。明治二九年（一八九六）には、「利根川水害防禦ニ付奉願書」として、太田村・明戸村・男沼村・妻沼村・長井村・奈良村・秦村の七か村連名による嘆願書を埼玉県知事に送付している。この中で「同じく一県下の人民にして均しく地方税を負担するものなり、然るに甲処の人民年々治水の保護を受くるを以て高枕安臥業に就くを得るも之に反して乙所の人民は曾て其保護を受くる能はずして依然不治の水下に苦しむ何ぞ甲民の至福にして乙民の不幸なるや」との一節がある（堀江　一九八六）。同じ税金を納めているというのに、同じ治水事業の恩恵が受けられないのはおかしいというのである。ここには、明治維新後に育まれてきた人々の権利意識を垣間見ることができる。

明治三〇年（一八九七）には一夜堤事件が起きた。無堤防地区であった下江原から備前渠にかけて新しい堤防を無許可で建設したというものである。豆の畝を作るという建前で堤防を作った下流の村人に対し、上流の村では、花火の筒を大砲代わりにして威嚇をおこなった。こうした一触即発の事態に対して、大里郡長と楡山神社宮司が仲裁人になって「官民一体となって利根の改修に努力するよう」に説得し、立会人である熊谷警察署長と深谷警察署長からの「原状復帰すれば咎めなし」との言を得て解決することになった。この事件は、堀江が黒幕として動いていたという（堀江 一九八六）。

この事件後、妻沼地域では治水に力を入れた統一候補を県議会や国会に送り込み、自らの要望を実現しようとしてきた。しかし、実際の治水事業は遅々として進むことはなかったのである。

三　明治四三年の災害について

明治四三年（一九一〇）、不吉なうわさが世情を騒がせていた。ハレー彗星が地球に接近する際に、彗星の尾に含まれる猛毒が大気を汚染して多くの人が死ぬという。その噂を信じた人の中には、地下シェルターをこしらえたり、空気を貯めこむ袋を作ったりして、彗星の被害に備えた人もいた。結果たして、しかし、被害が起こるとされた最接近日の五月一九日は、何事もなく穏やかな日常が続いた。自らの心配が杞憂に終わったと気が付いた人たちは、デマに踊らされたことに苦笑いしながら、安堵の胸をなでおろしたことだろう。その三か月後に本当の天変地異が起きるとも知らずに。

1　被害の状況

八月五日から降り続いた雨は、激しさを増しながら一〇日になって利根川沿いに築かれていた不連続堤を次々に越堤・破壊していき、関東地方での近代以降最大の水害をもたらした。

この時の被災の様子は、妻沼地域の村ごとに詳細な記録が残っているが、ここでは妻沼村を中心にして紹介していく（妻沼町誌編纂委員会　一九七七）。

九日午後から一〇日にかけて豪雨となった。一〇日午後三時ごろ男沼と妻沼の境である雉尾堤で、利根川の水が堤よりも高くなる越水状態となった。村人は、水防に尽力したり、各家での床上浸水に備えたりと右往左往していた。同日午後七時になると、低地の家屋で浸水が始まった。雨はさらに激しさを増していき、午後一一時には堤上六〇センチメートルの越水となり、水防はもちろんのこと、避難すらも難しい状況となった。弥藤吾村では、安政六年（一八五九）の洪水の時は、このあたりで水が止まったからと古老の話を信じて油断していたことも被害拡大の原因とされた。長井村でも、安政の洪水で被害がほとんどなかったことから、一〇日の夜は普通に寝ていたという。

一一日午前一時に堤防が決壊。男沼や出来島（男沼村）でも次々に破堤が始まった。妻沼村では、高所にある家では床上六〇―九〇センチメートルの浸水、低所では軒まで水が来た。そうした家々では、屋根を破って屋上に這い上り、声をあげて助けを求めた。濁流は、家屋はもちろん人も馬も押し流していった。そうした地獄のような風景を幼い子供たちは、悲鳴に似た呻きを漏らしながら見つめるしかなかった。

被害状況としては、流出家屋四三戸、倒壊家屋二五棟、死傷者三名（内死亡一名）、行方不明者二名、馬死亡四頭となった。これは妻沼村のみであるから、地域全体ではこの何倍もの被害が生じていた。

この災害の様子は、西城（長井村）の弁財天神社にある昭和九年（一九三四）「蛇神碑」にも描かれている（④）。

蛇神碑

明治四三年八月、古来稀な大洪水が利根川の堤を決壊させ、濁流が我が家を飲み込んだ。我ら一族は生死を激浪に任すほかなかった。家は上中条の切所の渦中に入り込み、長野村に漂着した。不思議なことに流失した時から一匹の蛇がまとわりついてきた。一族七名が助かったのは、神徳のおかげであるので、敷石を献ずることにする。

石碑を献納した茂木氏は、家ごと流されるという被害に遭いながらも、一家七人の生命を保つことができたのは、弁財天の眷属である蛇が守護してくれたおかげと信心を強くしたのである。

茂木氏の被災状況は、『長井村郷土誌』にも載っているので、こちらも紹介しておきたい（大里郡教育会　一九二二）。一一日午前三時に二階まで浸水、家ごと流失することになった。大工をしていた茂木氏は、屋根裏を貫いて屋上に避難した。子どものうち幼い六歳から一一歳の子供三人の両手を棟木に縛り付けて流されないようにした。家は流されるまま、中条堤の決壊個所を超える時に激浪に飲み込まれそうになったものの、なんとか渦中を逃れることができた。破堤個所を乗り越える時に、茂木氏は棟にまたがって万歳を叫んだという。破れかぶれの気持ちだったのだろうか。流された家は長野村（現行田市）の船によって発見されて、一家は無事に救助された。屋根上では二日間絶食状態だったが、命に別状はなかった。

蛇神碑の奉納は、被災から二四年後のことである。四半世紀を経ても、この壮絶な体験を茂木氏は忘れることができなかった。

2　救済の様子

引き続き妻沼村を中心に被災後の様子を追っていく（妻沼町誌編纂委員会　一九七七）。

濁流から九死に一生を得た人々であったが、避難先には飲み水や食べ物もなく苦しんだ。妻沼村当局は一一日午前中から飲料水の配布と炊き出しの準備を始めた。水と握り飯の配布には、船筏が使われた。

物資の寄付に近隣の資産家が力を尽くした。奈良村の飯塚弥太郎は、自村だけでなく近隣の被災地にも白米一〇俵を寄付してまわった。また急水止として空俵二五〇枚も寄贈した。また村の資産家であった須田治雄も被災者に対して白米や玄米の配給をおこなっている。また資産家ではないが、被災をまぬがれた川越で働いていた関口隆三が、貯金を寄付したという話もある。

こうした災害救助に、地元有志だけではなく、皇室も手を差し伸べた。妻沼低地を見下ろす櫛引台地上にある東別府神社には、明治四四年（一九一一）「洪水記」という災害伝承碑が立つ（⑤）。

洪水記

明治四三年の夏、河川が溢れて警報がしきりに鳴っていた。八月一〇日には、利根川・荒川の堤防が決壊し、別府村では小山川の堤防が決壊、備前渠も氾濫して北廓が浸水した。一四日には福川が逆流して沿岸一帯の家屋は浸水し、資材も流出した。スコップで船筏を漕いで、四昼夜にわたって食料を確保した。被災世帯は百戸を超えた。天皇皇后は、被害の様子を確認されてから支援金を出してくださった。県知事によって、天皇の恩を伝えて、困窮する人への支援を呼びかけると四方の篤志者から援助の金品が集まるようになった。聖恩のありがたさと篤志者の厚意を子孫に伝えるために、この石碑を立てる。

被災の様子を確認した天皇は、内帑《ないど》金（宮廷費）を下賜し、埼玉県知事に罹災者援助に努力するように求めた。皇室の動きに倣って、民間の篤志家も罹災窮乏者に金品の援助をするようになった。本碑は、皇室の聖恩と篤志者の厚意を後世に残すために立てられたものである。

四　復興の様子

大水害によって、家を流されて財産を失い、田畑は厚い泥で覆われて土地の境目も分からなくなってしまった。当初は茫然自失となっていた人々も、被災を逃れた地域からの支援もあって徐々に立ち直っていく。中には、被災前よりも良い郷土を作ろうと、動き出す人もいた。

1　利根川改修

堤防の決壊個所の応急処置が終わると、利根川の抜本的な河川改修が実施された。それまでの江戸時代以来の中条堤に頼った治水から、欧米の先端知識を活用した治水へと転換したのである。妻沼地域では、①利根川が群馬県の前小屋で二股に分かれて流れていたのを前小屋を貫通する新しい流路に作り変えること、②河川敷を広げるとともに無堤防だった酒巻・葛和田間に新たな堤防を設置すること、③蛇行していた福川の流路を直線化し排水機能を高めることの三点が大きな工事となった。

利根川の流路を前小屋で貫通させて直線的なものに変えるというプランは、堀江庸寛が提案していたものであったが、二〇年を経てようやく実施されることになった。

利根川の堤防工事については、葛和田地内の利根川堤防に立つ大正三年（一九一四）「刀江改修碑」が詳しい（⑥）。

刀江改修碑

群馬県を水源とする利根川は坂東太郎とも呼ばれている。延長八三里の大河である。狂風猛雨のたびに河水はたちまち溢れ、堤防は数々決壊し、沿岸の人々は流亡転遷の被害を受けた。氾濫区域は広く、また被害も巨大であった。政府は利根川河身改修工事を起工し、下流の銚子口から工事を始め、上流の埼玉県大里郡秦村に至った。大正元年一二月から二年三月にかけて、土地買収と家屋移転をおこなった。葛和田で買収した土地は五〇町歩。移転した家屋は六六戸という多さだった。村長の舞原誠太郎氏、区長の大島徳重氏、中川靭衛氏が土地売買家屋移転に尽力したおかげで円満の解決を果たすことができた。皆の熱誠と功労は良く知られるところであるので、この石碑を建てて後世に伝える。

河川敷と堤防の拡張のため、土地買収と家屋移転という新たな苦労が人々に押しかかることになる。それまで七〇間（一二六メートル）〜一四〇間（二五二メートル）だった川幅を五〇〇間（九〇〇メートル）に拡張して、両岸には連続堤塘《ていとう》を設置することになった。堤塘から一〇〇間（一八〇メートル）は高水敷とし、中央三〇〇間（五四〇メートル）は低水敷とした。政府の方針として、低水敷では土地建物は全面買収、高水敷では家屋の移転費用は支払うが、畑地は買収せずに占有権を認め登記をすれば無税とすることになった。耕作権が認められ無税になるとはいえ、先祖伝来の土地を没収されることに対して、対象地域からは反発の声が上がった。そのため利根川沿岸一四ヶ村では、大里治水会を結成し、明治四五年（一九一二）二月に「利根川改修に伴う土地買収嘆願書」を内務大臣・貴衆両院議長宛に提出して、全民有地の買収と総家屋移転を要望した（深谷市史編さん会　一九八〇）。こうして官と交渉をおこない、また村民間の利害を調整して、事業を円滑に進むように取り計らったのが、村長や区長といった名望家であった。

2　耕地整理の進展

明治時代後期は、江戸時代以来の伝統農法に欧米からの科学的農法の知識を加えた、いわゆる明治農法が普及する時代でもあった。効率的な農業の実現を図るため、耕地整理も課題となっていた。明治三二年（一八九九）には耕地整理法が制定されて、国を挙げて推進されることになったが、権利関係が絡むこととてなかなか進展しなかった。この事業が急速に進むのは、洪水後のことである。

妻沼村内では、明治四三年（一九一〇）以前に耕地整理事業がなされたのは、明治三七年（一九〇四）に認可された妻沼耕地整理だけだった。それが大水害翌年には、梶山耕地整理・父沼耕地整理・悪戸耕地整理と続々と事業が進展していくことになる。妻沼西中学校脇にある大正九年（一九二〇）「悪戸耕地整理碑」には、大水害をきっかけに耕地整理に乗り出した経緯が記されている（⑦）。

悪戸耕地整理碑

悪戸は弥藤吾の小字であり、太田村と男沼村に接した面積八町歩余の土地である。昔は魚や亀が生息しているような土地を隣地の余水を灌漑に充てて開拓し、わずかな田んぼとした。それが、明治四三年の大洪水によって泥土が沈殿し、もとの荒蕪の地に戻ってしまった。官に被害状況を報告して数年間の免税を得たものの、その惨状を復興することは簡単ではなかった。そこで土地所有者が集まって相談して灌漑が便利なように太田村飯塚から備前渠北縁用水を引用できるように耕地整理組合を設置することにした。明治四四年四月に起業して翌四五年一月に竣成し、低窪の地域が美質の良田に変わった。これは耕地整理の効果である。

秦村内での耕地整理の進展を分かりやすく記すのは、葛和田橋南詰にある昭和二七年（一九五二）「開田記念碑」である（⑧）。

開田記念碑

埼玉県の水害地として連年惨禍に苦しんだ秦村は大正初期に利根川と福川改修工事によって、水害克服の光明を得た。昭和五□年に道閑堀改修工事が終了すると、更生の気運が高まることになった。しかし、工事用地として土地買収がおこなわれたため耕地が減少しており、また耕地も全て畑地であるため農業経営が単一性に偏していた。その弊害を除くためには、低湿地を改良して良田とするしかないとして、県農林当局の働きかけに応じて村内有力者が行動した。第一次計画として昭和六年三月三一日葛和田弁財耕地整理組合を設置し同年九月四日農林省開墾助成事業開始の認可を得て、二五日起工し翌七年四月完成した。第二次計画としては昭和七年一一月七日、日向葛和田耕地整理組合を設立し、同年一二月二七日開墾助成の農林省承認を受けると同時に工事着手し一〇年三月に完了した。昭和八年五月一五日には、後藤農林大臣の視察の光栄に浴した。今工事の概要を観るに揚排水機導水路の設置等最新の技術を応用して間然する所なく村民挙げて開田の大効果を祝福し、多角経営による福利の増進を喜ばない者はいなかった。

弁財（秦村）の鎮守、厳島神社にある昭和二八年（一九五三）「石材工事記念之碑」には、耕地整理前の様子が描写されている⑨。

石材工事記念之碑

昔の境内は老杉が鬱蒼として昼なお暗くキツネやムジナが生息していたこともあった。社殿の後を利根川の本流が東に流れて日向裏に向い、舟運の便があったともいう。その後享保一六年、利根川大洪水の際上州邑楽郡境界へ川筋が変更して弁天沼となった。沼の面積は一町八反歩余。深さ百余尺。周囲には葦が一面に生い茂って鴻鶴が来て遊び、沼主として大蛇が棲んでいたとも伝えられている。大正三年秋に今の清浄地を残して埋立て、耕作地とした。

弁財（秦村）の北から日向（秦村）に向かっていた利根川の流れが、享保一六年（一七三一）に現在の川筋に移って、その跡地が弁天沼となったという。明治一〇年代の迅速図《じんそくず》を見ても、境内の北には沼地が広がっていた。弁財以外でも、妻沼地域全域には沼が点在していた。旧流路跡や、洗掘《せんくつ》されてできた欠土沼《かけどぬま》、水塚や堤防を作るため土を採取した跡といったものが整備もされぬまま低湿地を形成していた。

俵瀬（秦村）では、利根川改修に伴う土地買収により、農地が激減。残った土地も低窪地と原野であったために、土地改良のために内務省に築堤の残土の交付を要請し、土の搬入をおこなっている（斉藤 一九八〇）。

明治九年（一八七六）の調査をもとにして作成された地誌『武蔵国郡村誌』を見ると、秦村地域の産物には米がない。主食としては大麦・小麦が耕作され、商品作物として菜種と繭が作られていた。俵瀬の民俗誌を参考にすると、昭和一五、六年頃（一九四〇、一）に陸田が開かれるまでは、養蚕・藍玉による現金収入で他村から米を購入していたという。裕福な家では秋に一年分をまとめて、そうでない家では賃稼ぎをして何回かに分けて購入していた。稲作が始まっても、いつもは麦飯・混ぜ飯を食べ、特別な時にだけ白飯を食べたという（利根川食生活史研究会 一九八二）。俵瀬は、無堤防地にあたり、妻沼地域でも特に洪水被害が激しい場所だった。毎年八月には洪水があるので、夏作をまとめに収穫できるのは数年に一度という有様だった。治水の進展と、耕地整理事業によって、商品作物だけに頼る農業ではなく、米という主食を自給自足できる環境が整えられていった。

3 小島同志会の設立

また、治水整備・耕地整理といった土木インフラ以外に、社会インフラの整備も大水害後に実施された。小島（男沼村）には、昭和一六年（一九四一）「小島同志会記念碑」が立つ（⑩）。

小島同志会記念碑

明治四三年八月豪雨、連日利根川をはじめ大小の河川が氾濫して未曾有の大洪水となった。堤防は決壊し、浸水は床上階下に及び、耕地は泥土と化し、農作物はもちろん日常生活品に至るまで甚大な被害を受けた。官民の必死の努力によって、決壊個所は応急処置され、次に堤防増築工事が開始された。復興が始まったが、土工人夫の出入りが激しくなるにつれて風紀が乱れる恐れが生じるとともに、利根川改修のため多大の土地が買収されることで生産力の激減が予想された。そこで勤倹思想を鼓舞して、冗費節約・風紀粛清を断行するため、小島村の青年が動き出した。まず野村寛一氏の呼びかけにより、二〇人の同志を集めて、築地工事に出かけた。その後、小島小学校長の野村辰五郎先生宅で、総会を開き、先生を監督に推薦し、理事五名を選挙して、小島同志会と命名した。時に明治四四年の春季皇霊祭でのことである。それから三〇年が経った記念として石碑を立てる。

小島地区は、利根川の対岸に立地する埼玉県の飛地である。石田川が利根川に合流する地点に当たり、洪水被害も大きい地域だった。明治四三年（一九一〇）時には、地区内の堤防四か所で決壊が起きており、家屋二階まで浸水している。

冗費節約・風紀粛清を心がけて、村の復興のため設立したのが、小島同志会である。明治末年から大正期にかけては、戊申詔書をもとに社会改良運動が進んでいた（小島歴史書編纂委員会二〇一四）。その一環として、それまでの若者仲間から新たな青年会への組織変更が奨励されていた。

江戸時代以来の若者仲間は、防犯・防災・祭礼の担い手として村落自治の一翼となっていたが、その一方で祭礼費用を脅し取ったり、近隣村との喧嘩をしたりといったトラブルの発生源にもなっていた。そのため精神修養を目的とした新たな若者組織が求められていた。明治四一年(一九〇八)三月、小島青年会が実施事業に「夜学会の開会・試作地施置・図書の閲覧・勤倹貯蓄奨励」を掲げて創立されたのは、そうした政府の方針に沿ったものだった(男沼尋常小学校　一九二二)。

小島青年会の三年後に創立された小島同志会は「休暇を利用労力しその収得を蓄積する」ことを趣旨としていた。小島青年会と小島同志会の初代会長はともに野村寛一が就いているが、小島同志会は青年会の理念を実行するための組織だった。

妻沼地域では大水害後の利根川改修工事と並行して、こうした青年組織の設立が相次いだ。男沼村で設立された「五十石青年実行会」もそうした団体の一つである。やはり風紀の乱れが設立の理由だった。河川改修工事現場での賭博の流行が村の若者にも飛び火したこと、妻沼の料理屋に遊びに行って花柳病にかかるものが続出したことへの対策として、「賭博禁止・禁煙・禁酒・社会奉仕・健全な娯楽・頭髪を伸ばさぬこと」を申し合わせた組織を作った。小島にあった誠友会という修養団体がモデルになった(浅見徳治　一九七八)。

小島同志会結成時から大正一〇年(一九二一)迄の一〇年間の活動が日記で確認できる(小島歴史書編纂委員会　二〇一四)。設立当時の主たる活動は堤防工事に従事することだった。堤防工事がひと段落付くと、桑園の手入れをおこなった。工事や桑園で得た報酬は貯金した。貯めた金は、手芸品陳列会の開催・道路修繕・花崗岩製指導標の設置費用・大正三四年戦役(第一次大戦)への献金といったものに使われたようである。また、当時はマラソン選手の金栗四三の影響もあって、妻沼各地でマラソン熱が高まっており、小島では田中喜千平が報知新聞主催第四回京浜間二五哩マラソンに埼玉県代表として出場している。マラソンの練習仲間としても青年組織は機能していた。

若者組織研究者の平山和彦は、青年会を修養集団とし規定して体制イデオロギーの注入・教化を図るとともに、壮丁《そうてい》予備教育の機関として編成することが当時の政府の意図だったとする（平山一九七八）。日記での活動を見る限り、小島同志会の動きは、まさしく政府の思惑通りのものであった。指導標設置は御大典記念事業としておこなわれたものであるし、労働報酬は恤兵《じゅっぺい》に献金されている。それまで部落内で完結していた若者組織が、国に奉仕するための青年組織へと変容していった。

また、江戸時代以来の若者組織も、力石や土俵担ぎなどを競い合うことで肉体鍛錬の場になっていた。しかし、マラソンという新たな競技が青年組織で受容されるようになると、実力者が全国大会に出場するという、これまでとは違う動きが現れる。こうした動きは、国家に包摂されることではないかもしれないが、地域で完結せずに全国につながるネットワークに組み込まれるという意味で、近代化の一風景であった。

おわりに

明治四三年（一九一〇）の大水害によって、妻沼地域が変貌を遂げていった様子を見てきた。大堤防が築かれ、沼地が埋められて田となり、青年組織の設立も相次いで村の姿も以前とは違えるようになった。これらは、明治四三年（一九一〇）を機にして起きた変貌ではあるが、決して大水害が起きなければ生じなかった変化というわけではない。

利根川の近代化改修工事は、明治三三年度（一九〇〇）から全川一貫の計画として始まったもので、三一年の年月をかけて終了している。大水害によって当初の計画が変更になり、大堤防が設置されるようになったが、その要望は以前から何度も提出されていた（松浦・松尾　二〇一四）。刀水橋南詰付近の堤防に立つ昭和六年（一九三一）「利根川治水記念碑」が計画の全容を語っている(11)。また、前述したように妻沼地域の耕地整理も大水害以前から妻沼耕地整理が認可されていた。青年会も明治四一年（一九〇八）には創立されていた。以前から蒔かれていた変化の種が、大水害の苦難を栄養にして大きく芽吹いたのが、大水害後の大変貌ということになるだろう。

今、妻沼地域で目にする広大な農地や長大な堤防は、先人が明治大正に整備してきたものであることは忘れてはいけない。もちろん昭和以降も利根川の整備は進められており、現在の堤防が過去のものとイコールであるということではない。また近年は農家の後継者不足から耕作放棄された田も出てきた。また大正から昭和にかけて活発だった青年組織も現在はかつての力を失っている。しかし、それでも私たちの生活が過去に整備されたインフラのもとに成り立っているのは間違いない。

災害伝承碑は、災害をきっかけにして社会をより良きものにしようとした先人らの活動を今に引き継ぐための記録装置となっている。

　先人の記憶を受け継いだ我々は、未来のためにどんな種を蒔いていけるのか。先人の労苦を偲ぶとともに未来に思いをはせることは、この地域に住む者の責務だろう。

参考引用文献

浅見徳治『男沼村誌』北むさし文化会　一九七八
大里郡教育会・編『長井村郷土誌』大里郡教育会　一九二二
男沼尋常小学校・編『男沼村教育史』男沼尋常小学校　一九二三
葛飾区郷土と天文の博物館・編『諸国洪水・川々満水』葛飾区郷土と天文の博物館　二〇〇七
金谷俊夫「寛保大洪水と聖泉湧出碑」『研究紀要三　妻沼史談』妻沼地域文化財調査研究会　二〇〇八
行田市郷土博物館・編『天変地異―災害の日本史―』行田市郷土博物館　二〇一〇
小島歴史書編集委員会・編『私のふるさと小島』小島歴史研究会　二〇一四
埼玉県・編『明治四十三年埼玉県水害誌』埼玉県　一九一二
埼玉県・編『武蔵国郡村誌』埼玉県立図書館　一九五三―一九五五

斉藤良平『俵瀬の歴史と思い出』私家本　一九八〇
利根川食生活史研究会「利根川中流畑作地帯における農村の食生活―埼玉県大里郡妻沼町俵瀬の場合―」『埼玉民俗　一二号』埼玉民俗の会　一九八二
平山和彦『青年集団史研究序説　下巻』新泉社　一九七八
深谷市史編さん会・編『深谷市史　追補篇』深谷市　一九八〇
堀江祐司『堀江家の系譜』私家本　一九八六
松浦茂樹・松尾宏『水と闘う地域と人々利根川・中条堤と明治四三年大水害』さきたま出版会　二〇一四
妻沼町・編『妻沼町誌　全』妻沼町　一九九五（一九二八年版の復刻）
妻沼町誌編纂委員会・編『妻沼町誌』妻沼町役場　一九七七

本文中で言及できなかったが、災害伝承碑を探すため個人サイト「フカダソフト、きまぐれ写真館」http://fukadasoft2.sakura.ne.jp/（最終閲覧日二〇二三年四月二五日）を参考にさせていただいた。地元に住んでいながらも見落としがちな河川構造物や石碑を豊富な写真で丹念に紹介してくださっていることに敬意と感謝を申し上げたい。

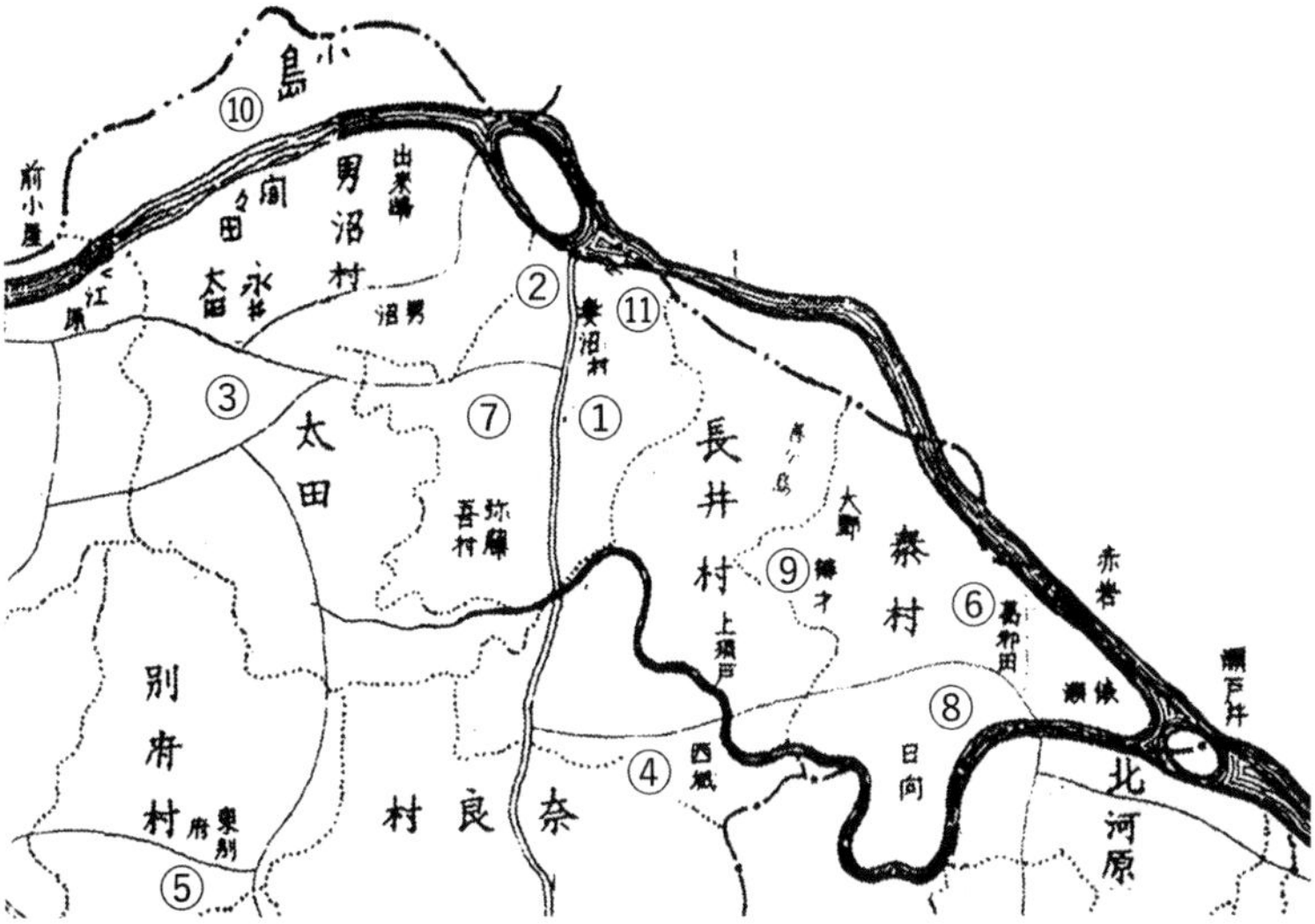

災害伝承碑の所在地
明治 22 年度版埼玉県全図を加工

蛇神碑（西城・弁財天神社）

災害伝承碑一覧

	災害伝承碑名	具体的な災害名	建立年	西暦	設置場所	所在地	翻刻掲載元
①	聖泉湧出碑	寛保大洪水	延享5年	1748	妻沼聖天山	妻沼	寛保大洪水と聖泉湧出碑
②	八幡宮湧泉之記	寛保大洪水	延享5年	1748	若宮八幡神社	妻沼	寛保大洪水と聖泉湧出碑
③	堀江庸寛翁碑	明治元年の大水	大正6年	1917	阿弥陀寺	永井太田	堀江家の系譜
④	蛇神碑	明治43年の大水害	昭和9年	1934	弁財天神社	西城	—
⑤	洪水記	明治43年の大水害	明治44年	1911	東別府神社	別府	—
⑥	刀江改修碑	—	大正3年	1914	利根川堤防	葛和田	妻沼町誌
⑦	悪戸耕地整理碑	明治43年の大水害	大正9年	1920	妻沼西中学校	弥藤吾	妻沼町誌　全
⑧	開田記念碑	—	昭和27年	1952	葛和田橋南詰	葛和田	—
⑨	石材工事記念之碑	享保16年の大洪水	昭和28年	1953	厳島神社	弁財	—
⑩	小島同志会記念碑	明治43年の大水害	昭和16年	1941	個人宅	小島	私のふるさと小島
⑪	利根川治水記念碑	—	昭和6年	1931	利根川堤防	妻沼	妻沼町誌

第六章　雑排から見る妻沼低地の民俗と在村文化

黛千羽鶴・矢嶋正幸

一　『妻沼歓喜天奉額』について

本稿で紹介するのは、明治八年（一八七五）に太田村で催された句会の記録である。表紙から『妻沼歓喜天奉額』と仮称したい。

前書きには「集巻五千余言　内抜萃千六百余言　太田村催主」とあるが、本書に掲載されているのは三〇〇首余りである。句会では五〇〇〇首もの句が詠まれ、そのうち記録されたものが一六〇〇首。本書はおそらく五冊立ての記録のうちの一冊だと思われる。

表紙には「妻沼歓喜天奉額」、裏表紙には「妻沼聖天額」とあるので、一六〇〇首の句は妻沼聖天山に俳額として納められたと思われるが、その額は現存していない。

句の形式としては、「風流物《ふうりゅうもの》倭《は》附言葉《つけことば》」と冒頭にあるが、笠付《かさづけ》という雑排（1）の一種である。笠付では、五七五の最初の五を題として決め、七五を付けていく。娯楽性が高く、元禄以降に隆盛し、昭和初めごろまで続いていた俳諧の形式である。

本書で取られている題は、「華々《はなばな》しい物《もの》は」「かく物は」「あく物は」「あけぬ物は」「渡《わた》る物は」「渡《わた》す物は」「よい物は」「宿《やど》かるものは」「宿《やど》かすものは」「きる物は」「目《め》につく物は」「艶《つや》のある物は」「慰《なぐさ》む物は」の一三題である。題は五文字という制約から逸脱し、例えば「かく」は書く・掻く、「きる」は切る・着る、「あく」は開く・飽く、というように掛詞を用い、連想ゲームのお題のような様相を呈している。

開催主である太田村は、利根川中流域に広がる妻沼低地に位置する集落で、典型的な農村地帯である。奉納先の妻沼聖天山からは、直線距離で三キロほどのところにある。妻沼聖天山は、芭蕉の「むざんやな甲の下のきりぎりす」に出てくる甲の持ち主、斎藤別当実盛が建てた寺院で、利根川中流域には、聖天を祀ったお堂が多数分布している（明治に二柱神社と改称したところも多い）。『新編武蔵風土記』太田村の項に聖天社が存在していることから、妻沼聖天山が、本地域の聖天信仰の本山として、近隣の集落に信仰を広めていったものと推測される。

句会に集まったのは、太田村の人間だけではなかったことが「秀一」と評された句の作者として「中瀬村　五カン」（五カンについては不明）とあることから判明する。中瀬村（現深谷市）は、鉄道輸送が始まるまでは、利根川舟運の主要な川津として栄えていた村であった。妻沼聖天山を中心とした利根川中流域の村々が集まって、句会が開催されたのだろう。

二　本稿の目的

さて、本稿では『妻沼歓喜天奉額』からうかがえる当時の庶民の生活実態を見ていく。現在、熊谷市では市史編纂がなされており、多数の史料が翻刻され公表されている。しかし、そうした史料は公文書が多く、そこから当時生きた人間の直接的な感情を読み取ることは難しい。たとえば新田開発の記録があったとする。初めは数反だった田が、数十年後には数十町に広がったという数字を見たときに、そこから開発の苦労を想像することはできるにしても、実際にどんな道具を手にして、どんな気持ちで田畑に向っていたかまでは分からない。そこで当時の人間が何を目にして、それにどんな感情を抱いたのかを明らかにするためには、文芸書がたよりになる。詩歌や物語は、人間感情の記録であり、これらをもとに当時の人々の生活に思いを巡らせるのに良い資料となる。そして何より俳諧は知識人の詠む和歌・漢詩と違って庶民文化に属するものである。今回取り上げる『妻沼歓喜天奉額』はまさにこの庶民の暮らしぶりを今に伝える遊び心満載の文芸書なのである。

この『妻沼歓喜天奉額』は、明治八年（一八七五）の太田村周辺の住人が詠んだものである。明治四年（一八七一）に廃藩置県が実施され、本地域は新たに設置された熊谷県に組み込まれた。そうは言ってもまだ江戸時代の濃厚な匂いをまとった風が利根川流域に漂っていた時代である。当時の庶民は、そんな風が吹き抜ける田んぼをどんな情感をもって見ていたのか。本資料を読み解くことで、公文書からはうかがえないものが見えてくる。

ここで本資料を鑑賞する上で注意しておかなければならないことがある。それは文学を鑑賞する上で当たり前のことであるが、句として読まれたものがそのまま作者が目撃したものではないということだ。例えば「華々しいものは上々吉《じょうじょうきち》や萌黄空《もえぎそら》」という句は、一茶の「元日や上々吉の萌黄空」から取ったものであり、こうした近世を通じて育まれた俳諧文芸を土台としてこの句集が成立しているということである。

また、京や奈良の名所を織り込んだ句もあるが、こうしたものもみんながみんな実際見た光景を詠んだものではないはずだ。往来物（2）や名所図会などで知ったイメージをもとにしているのだろう。そうした見たことがないものを詠む一方で、実際に目で見たものでも句に詠まないものもあった。例えば明治以降に生まれた文物は出てこない。明治八年（一八七五）という年であるが、その前年には富岡製糸場が開設され、太田村から七キロ離れた下手計村出身の尾高惇忠が初代所長となった。利根川舟運でも明治四年（一八七一）に利根川丸商会の外輪汽船が就航している。利根川中流域の田舎であっても文明開化の波は押し寄せてきていた。しかしこうした新しいものを文芸に取り入れるところまでは意識は進んでいなかったのである。俳諧に本格的な近代化が起こるのは、明治三〇年代の正岡子規の運動を待たなければいけない。

こうした文芸上の限界もまた当時の人々のリアルな情感を表現するのに一役買っている。まだ近世の意識を濃厚に残していた妻沼低地の庶民生活がどのようなものだったかをさっそく覗いていこう。

三　民俗の諸相

1　年中行事について

本題に入る前に年中行事と密接に関わる暦の切り替えについて触れておきたい。明治五年（一八七二）にそれまでの天保歴（旧暦）からグレゴリオ暦（新暦）に切り替えられた。現在でも新暦でやる行事と旧暦でやる行事が入り混じっている。例えば、今でも熊谷では桃の節句や菖蒲の節句は、それぞれ新暦の三月五月におこなっているが、七夕やお盆は旧暦に合わせて一月遅れの八月におこなっている家もある。本資料では「明治八亥年廿月朔日開」と「三月」に訂正線が入れられ「旧二月」とされている。まだ新暦が定着していなかったことが分かる。まだ年中行事の多くも旧暦のままおこなわれていただろう。そのような中で、日々をどのようなサイクルで過ごしていたかを年中行事の句を抜き出して見てみよう。

それでは一月から順に行事を見ていく。

・正月

年の始めを告げる正月であるが、正月飾りをつけるところから始まる。

華々しい物は輝くふりやかざり藁
よい物は福藁《ふくわら》をふむ朝心

かざり藁とは、しめ飾りの事。福藁とは、トボ口（玄関）に敷く藁である。現在でもしめ飾りは付けるものの、福藁の習俗は消えてしまった。

よい物は皆太箸《ふとばし》の朝心
きる物は太箸にせん川奈草

ハレの日の食事は改まった食器で食べる。新しい太箸を家族分揃えて食事を共にするのは、それは心よいものだった。川奈草は、河骨というスイレン科の植物で浅い池や沼に自生する。御節料理にはレンコンが欠かせないが、レンコン採りで入った沼で太箸にピッタリな河骨を見つけたということなのだろう。

かくものは恵方に向て筆はじめ
かく物は恵方へ向けば手くらがり

新年の抱負を書き初めするのも昔からの習俗である。恵方に向って書くが、電灯の無いこの時代、北に向って書く時には手元が暗くなって書きづらかったのだろう。

・小正月

一月一五日は小正月という。女正月ともいうが、この日までが松の内とされた。この日にどんど焼きがあって、門松を燃やしたりした。

目に付物は夜明や今日の玉作り
きる物は恵方へ向て繭玉木《まゆだまき》
花々しい物は柳に成りてもち

小正月には、クワの枝などに団子を付けた繭玉飾りを作る。繭玉の名前の通り、養蚕繁盛を祈った習俗である。餅をたくさんつけるので、ヤナギの枝のように大きくしなっていた。夜になると団子を付けたままの枝を持って、どんど焼きの火にあぶって食べるのが子供たちの楽しみだった。

華々しい物は俵ふく者やけづりかけ

繭玉の下には、木を削って作った「けずりかけ」という造花を供える。まだ冬の間で花がないのでその代わりとして作るとか、稲の花を模して作るのだとか言われている。なんにせよ小正月は農業に関した祈願が中心となった行事であった。

・節分

現在節分は二月三日でほぼ固定しているが、太陰太陽暦だった旧暦では年によって動くものだった。だから「年のうちに　春は来にけり　ひととせを　去年とやいはむ　今年とやいはむ」（古今和歌集）というような困惑を生むこともあった。

華々しい物はまめぎんでいる福は内

ている。「まめぎん」がどういったものなのかはわからないが、福は内の掛け声は変わらずに受け継がれている。

・初午

初午は二月の初午の日にある稲荷社の祭りである。伏見稲荷が垂迹《すいじゃく》した日が二月の午の日であったから、この日におこなうようになった。

渡る物は初午の日に一舟子（3）

利根川流域で有名な稲荷社といえば群馬県大泉町の社日稲荷神社である。いまでも三月の大祭には湯立神楽《ゆたてかぐら》もあって盛大に開催されている。その信仰圏は利根川を越えた埼玉県にも広がっていたのだろう。利根川の渡し守の活躍する日として印象深いものがあった。

・花見

春の楽しみといえば花見は欠かすことができない。

着る物はかしても誘ふ華見づれ
げじょもはしたもうれしげにはる

一人で花見をするほど寂しい物はないから、連立って行った。箱入り娘の花見には、いつも仕事着しか着る機会のない下女や賤女も娘のお下がりを借りて付き従ったのだろう。下女たちのうれしさは、如何ばかりだったろうか。

目につく物は桜に寺のこえ

花見の場所は様々あれど、寺の境内に桜の名木が植えられていることも多い。古来から熊谷宿の石上寺の熊谷桜は有名で、宝暦二年(一七五二)の「熊谷古地図」に記載されている。天保六年(一八三五)の『忍名所図会』にも「美麗也」と記録されている。現在の聖天山も春になるとソメイヨシノで彩られるが、明治の昔から花見に出向く人もいたのかもしれない。

艶のある物は花に酔たる人の顔

花に見惚れるばかりが花見ではない。花より団子とばかりに、酒飲みに夢中になって赤ら顔を晒《さら》している者もいる。

目につく物はふくさの上に華の塵

名残惜しい花の季節もあっという間に過ぎてしまう。弁当を包んできた袱紗《ふくさ》に、桜の花びらが散ると、じきに夏が近づいてくる。

・薬日《くすりび》

旧暦五月五日の午の刻に雨が降ると、その年は五穀豊穣になるとされた。また、その雨水で薬を練ることもあった。

　　目に付《つ》く物は薬ふる夜の月明り

この句で引っかかるのは、雨が降っているはずなのに、月明かりが出ていることである。また一般に薬が降るのは、午の刻＝正午ごろであるから、ここにもまた矛盾がある。この日には雨水を待つだけではなく、野原に薬草を摘む習俗もあったから、人に先んじようとまだ暗いうちから薬草摘みに出かけるのと月明かりが目につくといった内容であろうか。

・夏祭り

夏は疫病が流行りやすい時期であり、疫病除災を願って夏祭りが盛んに催された。京都の祇園祭、熊谷のうちわ祭りも同様の願いからおこなわれているものである。

華々しい物はこしより先へ渡るほこ

祇園祭りといえば勇壮な山鉾であるが、祭り本来の主役は神輿であった。山鉾巡行はあくまでも前祭であり、本祭は神輿渡御なのである。そうはいっても観客の目が、華やかな鉾に奪われてしまうのは仕方がない。鉾の文化は京都特有のものではなく、埼玉県では秩父に残っている。七月開催の川瀬祭りでは笠鉾が先導して、荒川までの神輿渡御がおこなわれる。現存していないが、妻沼地域にも鉾を出す祭りがあったのかもしれない。

目につく物は血を見て渡《わた》るあらみこし

現在妻沼を代表する祭りといえば、葛和田と出来島の暴れ神輿である。両村の神輿は、村中をくまなく廻った後に、利根川に繰り出して川中で神輿を立てたり、そこから飛びこんだりと暴れまわる。昔の神輿の担ぎ手は若者仲間から集められた。血気盛んな若者は溢れるエネルギーを祭りにぶつけることになる。時には普段気に食わない家の畑に神輿をかついで踏み荒したり、隣村にケンカしに行ったりしたこともあった。そうしたときに流血事になることも良くあったのだろう。

宿かる物は祭りに詫けり梢《ほだ》（4）明り

祭りは楽しい物であるから、遠い村へ出張って行くこともあった。しかしあまり夢中になりすぎて家路の途中で日が暮れてしまって、仕方がなく近くの家に宿を借りる人もいたのだろう。そんな気まずさが詠まれている。

・七夕

彦星と織姫に祈りをささげる七夕は熊谷全域でおこなわれている。

きる物は星に手向の今年竹

今年生えたシンコの竹を刈ってきて、願いを書いた短冊を下げる。翌朝には川に流した。

・雪かき

昔は今よりも雪が降った。

かく物は隣どふしで朝の雪

今でも大雪が降った翌日は、隣近所で声を掛け合う姿が見られるが、それは昔から変わりない。

・大みそか

歳の締めくくりは大みそか。大掃除を済ませて、除夜の鐘を待つ。

目につく物は除夜の掃除にこぼれ針
　　やくもさらりとはらせてとし

除夜に合わせて大掃除をするのは変わらない。そこに厄落としを重ねあわせているのが、当時の習俗である。

よい物は小袖のをくに梅のさち
　　明方近き除夜のともし火
艶のある物は火で除夜の極歳

また、除夜には火を灯すことも風物詩になっていた。上根や日向では大晦日のオタキアゲといって子供たちが薪を集めて神社で焚火をする。以前は、寺でおこなっていたのだろうか。

2　農作業

次に農作業について詠んだ句を見てみよう。当時の妻沼地域では麦・大豆・蔬菜《そさい》・藍といった様々なものが栽培されていただろうが、句に詠まれたものは圧倒的に稲作に関わるものが多い。すべての農業サイクルは稲作を中心にまわっていた。

稲作の苗代作りから収穫までの様子を中心に据えながら見ていこう。

かく物は念入て苗代田

田植えは、田植え用の苗を育てるところから始まる。冬の間に硬くなった土を念入りにほぐして苗代田を作る。ここで生長した苗が、その年の稲の出来を占うものとなった。

きる物は振袖みのを神田植

田植えは、一種のハレの日であり、早乙女は晴れ着を身につけて共同で田植えをおこなった。

かく物は馬も賑ふ神田植
かく物は田植に駒の遣ひぞめ

広大な田んぼを人力の鋤で耕すには骨が折れる。馬に鋤を曳かせて耕した。冬の間に固くなった土をほぐして田植えをしやすくするためである。中国地方の田植では、花田植えなどといって牛を使った田植えが神事としておこなわれているが、この地域では馬の方が重宝されていたようだ。『武蔵国郡村誌』（埼玉県　一九五四）の幡羅郡を見てみると飼育されているのは馬ばかりで牛は出てこない。

目につく物は青田のはてや大花表《おおとりい》
よい物は春田に見ゆる国の富

稲作が豊作になるかどうかは、神の御加護次第であるから、まずは神さまに奉納する神田から田植えを始めた。農民は、神に見守られながら稲が育ち、秋には国の富となることを期待して農作業にあたっていたのである。

艶のある物は早苗の上の走り風

田植えが終わった後、疲れ切った体を畔で休ませながら青々とした早苗を眺めていると、さっと良い風が駆け抜けていく。それは労働の疲れを癒してくれる快いものだったろう。

よいものは田の草とってひる寝

田植えからひと月もすれば、田の草取りで忙しくなる。日の高くないうちに作業を済ませ、暑さの盛りに昼寝を決め込むのも気持ち良いものだったのだろう。

きる物は木《き》六《ろく》竹《たけ》八《はち》桑《くわ》五月《ごがつ》

夏は、稲作以外にもいろいろな仕事が待っている。
この句は、木は六月に、竹は八月に、桑は五月に切った方が良いということわざである。一般には「木六竹八塀十郎」というが、塀が桑に置き換わっている。安政六年（一八五九）の横浜開港以来、関東中で養蚕が盛んになってくる。そうした桑がより一層身近になったという情勢がこの句に表れているのかもしれない。

艶のある物は出来て五色になる西瓜

また、夏は西瓜など果物の実りが豊かな季節でもある。季節ごとの味覚を楽しみにしながら野良稼ぎに汗を流していた。

よい物は月に植田のそよぐ風

日照りや台風に気をもみながら、秋の収穫の時期が来るのを待っている。夏の湿った月空から秋のカラっとした月空に変わったらいよいよ収穫の時期となる。

目につく物は時めく早稲や田一枚

農民が一番気にするのは、早稲の出来である。収穫時期の早い順から早稲・中稲・晩稲となっているが、台風の来る前に刈り取ることができる早稲さえ収穫できれば、なんとか収入を確保できた。他の田よりもいち早く黄色く色付いた早稲の田んぼは、どれだけ頼もしく見えたことだろうか。

よい物は皆稲つむや酒機嫌
かく物は稲つむ人や高いびき

稲刈りは半年の苦労が報われる瞬間である。村人総出で作業にあたった。作業しながら早くも酒を飲んで上機嫌でいるものもいる。そしてヒンシュクも顧みず眠り込んでしまうのであるが、それが許されるのも収穫の喜びの場だからこそである。

目につく物は米の中のひへ

今の妻沼低地一帯は、豊かな水田地帯となっているが、明治初めには畑作をメインにした村も多くあった。明治初めの記録『武蔵国郡村誌』では、米のとれない村として高柳村・西別府村・出来島村・小島村・弁財村・葛和田村・俵瀬村・日向村が挙げられている。こうした村々は、土壌的な条件や用排水路の未整備から稲作が出来なかった地域である。稲を育てるために「出耕作」といって、他地域に出向いて水田を耕していたが、主な作物は麦であった(熊谷市教育委員会　二〇一四)。『武蔵国郡村誌』の産物の項にはヒエは出てこないのだが、麦の裏作として自家用の雑穀が育てられていたのだろう。もしくは僅かな水田に背を伸ばした稲の中に、雑草としてのヒエを見つけたということなのかもしれない。

米のとれる村であっても小作料などを払ってしまうと、米が手元にあまり残らなかった。そこで麦を入れた「ムギメシ」などを日常的に食べ、白米が食べられるのは収穫直後やハレの日に限られていた。町場の人間や地主といった一部の人間は白米を食べていたようだが、大部分の人々は、次の白米が食べられる日を指折り数えながら、日々の生活を送っていたのである。

3　在村文化

文化という言葉には都市の洗練されたものを感じてしまうが、もちろん農村部にも文化はあった。もともとは生きるための農業技術や衣食住の技術を支える生産文化や生活文化が色濃いものだったが、江戸になると都市で育まれた風雅文化が農山漁村にも浸透してきた。こうした生産文化・生活文化に風雅文化を合わせたものを「在村文化」と名付けたのは、杉仁である(杉　二〇〇一)。

俳諧は、江戸後半には農村にも在村文化として浸透していた。本句会もそうした在村文化の一つとして捉えられるのである。

・句会

妻沼地域での俳諧文化は江戸後半から記録が見える。代村の薬種商大和屋は、五渡の俳号を三代にわたって受け継いだ。初代は文化九年（一八一二）、聖天山に「稲妻や闇の方行く五位の声」の芭蕉句碑を立てている。三代目は明治八年（一八七五）一一月一二日に没したが、翌年『五渡発句集』を発行した。『妻沼歓喜天奉額』の句会でもこうした地域の俳人が宗匠となって催されたのかもしれない。

かく物は思へ思へに入札《いれるふだ》

句会では、作者名を入れずに句を投稿し、宗匠もしくは仲間からの評価をドキドキしながら待っていた。

目につく物は第一番の歌進札

江戸期の句会で成績がよい句に対して賞品が出されることもあった。前句付の古川柳などでは、それを目当てに複数の俳諧本に投稿して小遣い稼ぎする者もいた（下川　一九九四）。

そうした欲得を除いても、第一番に選ばれた句には注目が集まるものだろう。

秀一
艶のある物は　華も変るか　峯の雲
　　　アサナアサナのサカワダの春
　　　　　　　　中瀬村　五カン
　　　　　明治八亥年二月朔日　開

おおよそ三百句ある句は、十二点から二十八点と評価が付けられているが、この句が最優秀作品であった。各々点数が付けられ、自分と他人の句の評価を見比べ一喜一憂しながら楽しんでいたのであろう。

・書画会

俳諧と並んで在村文化を代表する書画会にちなんだ句もいくつかある。書画会は、寛政年間に京都で始まったとされる文化サロンのようなもので、明治中期頃まで日本各地で開かれていた。既成の書画を持ち寄って鑑賞するだけの書画展覧会とは違い、その場で即興的に揮毫することに中心がある。書かれた作品はその場で買い取ることができた。

妻沼地域でいつから書画会が催されていたかは明らかではない。筆禍をこうむって江戸を離れ一時期妻沼に寄宿した寺門静軒は、江戸で見聞きした書画会の様子を『江戸繁昌記』に記している。「人苟《いや》しくも風流、胸中墨あり、才徳並び具はる者、一たび盟に与《あず》かれば、衆推して先生に拝す」とあるように、名望ある文人が先生として会の主役に据えられた。静軒は「余、盟に与かることを得ず」と、書画会の主賓になったことはないと述べているが、これは一種の韜晦《とうかい》で、彼ほどの一流の文人であれば、会を開くと墨蹟を求めて汗牛充棟の賑わいとなったことは想像に難くない（寺門　一九八九）。

歓喜院所蔵の文化財に、徳永豊洲が描いた妻沼八景の墨絵に寺門静軒がそれぞれの景色に七言絶句の漢詩を添えた「妻沼八景詩画幅」という作品がある。この作品も書画会やそれに類する催しの中で鑑賞されたものなのかもしれない。

かく物は腕っこきといふ書画の会
かく物は筆を持参で書画会

書画会では、腕自慢たちが書画の技を競って見せた。主賓として名のある文人が招かれただろうが、地元の趣味人たちも自分の使い慣れた筆を持って腕試しに出向いたのだろう。

かく物は筆をふるて寒習へ

元旦には書初めをおこなって筆の上達を願うものだが、練習こそが上達への唯一の手段なのである。

かく物は焼筆で下画

焼筆とは、日本画の下絵に使うヤナギなどの棒の先端を焼き焦がして作る筆のことである。絵を描くにも、下絵でしっかりした構図を作る準備が肝心だった。

艶のある物はつかいやうで墨

書画会では、即興性に優れた水墨画が良く描かれたが、「墨に五彩あり」とあるように、技法を駆使すれば黒一色ながら神羅万象を表現できたのである。

おわりに

書画会についても、句会についても、江戸時代の都市文化の中で生まれたものであった。文化文政ごろから都市だけではなく、農村でもこうした文芸を受け入れる素地ができてくる。文芸というものが一部の知識人の手を離れて、広く大衆のものになったのは、江戸の後半からなのである。書画会と句会は、同じ文化的土壌の中に存在していたものとして見た方が良い。熊谷市街の石上寺には、文化五年（一八〇八）に開かれた書画会を記念した三陀羅法師の歌碑が立つ。三陀羅法師は、狂歌師として活躍した人物であり、書画会とは当時の人間が広く文芸文化に触れるための場であった。文化五年（一八〇八）の書画会には、浦上春琴（5）・谷文一（6）といった当代一流の文人が集って、江戸の文化を北関東の田舎に伝播させる役割を果たしていた。

　こうした田舎に都市文化を伝える装置としての書画会の役割は、明治中期までは続いていた。明治二六（一八九三）・二九（一八九六）年には「書画詩歌俳諧雅会」という催しが、永井太田の能護寺（7）で開かれ、ここでは地元や東京府、群馬県から著名な書画・詩歌・俳諧の文人が五人ほど出席している。金井之恭・安川金山・松本宏洞・佐々木信綱等々、錚々《そうそう》たる顔ぶれであった（高橋　二〇一九）。永井太田は画家を多く輩出した土地であり、そうした鄙中の雅たらんとする土地柄を誇る催しだったことが推測される。

『妻沼歓喜天奉額』に掲載された句の詠み手は無記名であるから、作者は定かではない。しかし、明治半ばの書画会の参加者とも重なる人物が多かっただろうことは推測してもよいだろう。

　書画会には、外部の人間を招くものであったから、幾分か余所行きの催しだったかもしれない。それに対して『妻沼歓喜天奉額』を詠んだ句会は、妻沼地域の人間だけでおこなったものであり、仲間内に見せた顔なのである。

　月々の年中行事や祭りに心弾ませ、日々に農作業に汗水を流す日常が、本句集には表れている。余所行きの顔と内向きの顔は、紛れもなく同一人物の持つ諸相である。その明治初期、妻沼低地のリアルな精神環境を表すものとして、本資料は掛け替えのない物であろう。

註

1　本格的な俳諧に対する遊戯的な性格を持った俳諧のこと。
2　寺子屋などで使用された初等教科書。
3　船頭の下で働く水夫のこと。
4　火を付けるための小枝のこと。
5　安永八年（一七七九）生まれの文人画家。京都を拠点に活躍した。
6　天明六年（一七八六）生まれの文人画家。江戸を拠点に活躍した。
7　天平一五年（七四三）、行基により開山。内陣・格天井の絵画・梵鐘などは熊谷市指定文化財。現在は「妻沼のあじさい寺」として有名。

参考引用文献

熊谷市教育委員会・編『熊谷市史　別編1　民俗』熊谷市　二〇一四
埼玉県・編『武蔵国郡村誌　一〇巻』埼玉県立図書館　一九五四
下川弘『江戸古川柳の世界—知的詩情を味わう』講談社現代新書　一九九四
杉　仁『近世の地域と在村文化—技術と商品と風雅の交流—』吉川弘文館　二〇〇一
鈴木進『能護寺書画詩歌俳諧雅会調査報告書』私家本　二〇〇九

高橋宗二『能護寺雅会出席の群馬県文人・同県関連文人探求』私家本　二〇一九年

寺門静軒・成島柳北・日野龍夫『江戸繁昌記　柳橋新誌』新日本古典文学大系　一九八九

the love＝the universe

Menuma=nature x society

=(Tone river+Ogai forest)x(Sanemori+Nandikeśvara)

past=(history+memory)love

future=(Improvement+creation)love

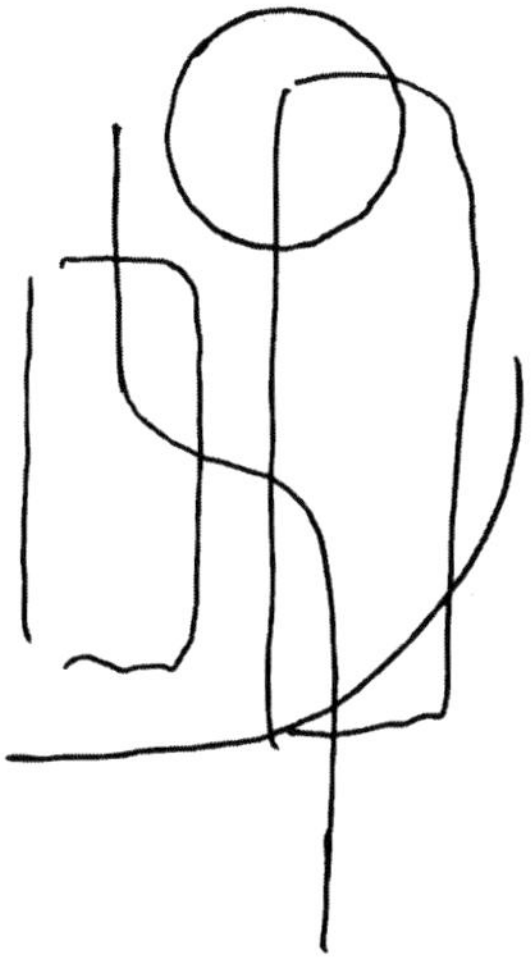

$$\frac{\text{Menuma}}{\text{the love}} \text{ x past x future}$$

＝ love and be loved, Menuma.

「the love」～今につながる妻沼～　カシワギ バーズ ヒロアキ

ひとつながりの愛＝森羅万象

妻沼 = 自然 x 社会

=(利根川 + 大我井の杜)x(斎藤実盛 + 大聖歓喜天)

過去 =(史実 + 伝承) 愛

未来 =(改革 + 創造) 愛

$$\frac{\text{妻沼}}{\text{ひとつながりの愛}} \times \text{過去} \times \text{未来}$$

＝ 今 (流動的) につながる妻沼

カシワギバーズヒロアキ…１９７７年生まれ。アーティスト マルチクリエイター。妻沼の老舗菓子屋「さわた」と組んで古民家文化施設「メヌマハウス」を企画運営。自身の作品やプロダクトも販売する作家ものセレクトのお店「エイビー」もその中で運営。妻沼の地に小さなアトリエスタジオももつ。

令和の貴惣門（令和４年６月６日）写真撮影のいきさつは 210 ページ参照

聖天さまの門前から

地元に無知な私が自分の暮らしているエリアの歴史に興味を持ちはじめると、
今まで感じることも無かった様々な事が五感に響き、
何もないと思っていたこの町に誇りを持ちはじめるようになりました。

私は妻沼に生まれて半世紀。
いつも心の拠り所として何かトラブルがあると聖天さまへ。（笑）
もちろんそれだけではありませんよ。
御朔日にはじまり春夏秋冬のお祭りや行事。
そして人生の節目になると、まずの一番にご挨拶。
お宮参り、七五三、入学祝い、合格祈願、成人祝、結婚祝などなど。
我が家ではこのようなイベントはご先祖さまの時からのようで、
我が子、わたし、親と三代に渡っては確実である。
聖天さまは生活のシンボル。心の灯りの存在です。
そんな聖天さまのお膝元で商いをやらせて頂いたきっかけは、
平成の大修理と先代の沢田社長〔私の実父〕。
何度となく聖天さまに足を運び

「聖天さまは今に凄いことになるよ!境内の近くにお店を持ちたい!」
そんな父の熱い想いを受け継ぎ、15年前（2022年現在）に西門近くにオープン。
参拝に訪れた方の足の休み処として。
そして大きな福のお持ち帰りができますように…と。
お店は「大福茶屋」と名付けたのでした。
(摩訶不思議!電話局からもらった電話番号は＝１１２４。
【いいにし】実盛公さんが妻沼にこしてこられたのが１１２４年。
これもなんかのご縁かしら。)

さて、参拝者や門前町の方々と触れ合うなかで
聖天さまの存在は私の中で更に近いものになるのでした。
しかしながら、気付いてみると聖天さまの事、
あまりにもの無知に恥ずかしさと焦りに溢れ。
令和のお開帳の前に門前町の仲間内と
熊谷市史編さん室・蛭間さんにお願いして
勉強会を開いて頂いたのです。
少し歴史の扉を開くと、流石の縁むすびの聖天さま。
ご縁がご縁を呼び、今まで見えなかった糸が繋がり絡まり始める…
すると無性に（伝えなくては!残さなくては!）と焦る気持ちも出てきて、

誰かに会うたびに「知ってる?すごいんだよ!」と歴史を語っては興奮していました。
その想いがどんどん繋がって今の私や【まろく会】の運びにもなってます。
【まろく会】の「まろく」とは聖天さまのすぐ近く、
創立150年になる妻沼小学校の校訓「まじめ、まめ、まろく」から。
真面目に、人のためにまめに働き、そして穏やかに円満にという意味の校訓。
「まろく」は【まるく】の古語。
いびつでもよいから皆が上手く和やかになるように…
稲妻のごとく私の心中に響きました。
只々この地に大切に守られてきた実盛公の想い〜まろく〜
実盛公が(皆が幸せになりますように)と
源平の戦乱期に歓喜天を祀ったことから始まる妻沼は
今も尚、この校訓として大切に心の灯りとして残ってることに感動。
改めてこの地に生まれて幸せだなぁ〜としみじ感じております。
実盛公のゆかりの地として、形あるものは何も残ってないですが、
妻沼には(より多くの方が、より多くの幸に恵まれますように…)
手を合わせ祈る先人たちの想いが幾重にも重ねられ残り続いた地であったこと。
まろく会の活動はそんなところから過去・現在・未来に繋がる想いを
その時その場に合わせ有志の力を寄せています。

ご先祖さまから受け継ぎ、未来に繋げたい。
敵味方なく中道に貫いて生きていきたいとの想い。
色んな出っぱりや引っ込み。形のあるモノないモノみんな。
この世に生まれて意味のないことなどない！
みんなありがとう！って。
【まろく会】はご先祖さまが大事にされてきた想いを感じて
伝えたいことを自分達らしく伝えていく
丁度いい会なのかもしれません。

＊

矢嶋さんとの出会いは「Y's cafe で難しい古文書を読み解いて、
難しい歴史を楽しい世界観に置き換える素晴らしい人がいるよ」と
バーズさん（私の話聞き役のクリエイター）に聞かされていて。
（とても堅物の方なんだろうなぁ…こんな軽いノリの私とは…）
なんて構えていましたがお会いしてみると
なんともまあ深みのある別世界へ連れていってくださりました。
心地よいのよい歴史妄想の世界へ。
歴史にハマる方はとても、ロマンチストなのかもしれません。
歴史に想いを馳せた矢嶋さんは妻沼の魅力をキラキラとお話ししてくださり

矢）「本を作りたい！」
紀）「その話し、乗った！」
と、いつもの、軽いノリ。
できるだけ、より多くの方に妻沼とその歴史の魅力を知ってもらいたい。
歴史の講演会をすると主に70代80代の
難しいことが好きそうな方の集まりになると聞いていたので
もっとカジュアルに、もっと世代に広がりを持たせたい！と、
【まろく会】で講演会を企画させてもらうことにしました。
会場は少しでも歴史ムードを感じれるよう大福茶屋にて。
昨今の感染症予防に気をつけながら、半年間に渡って行いました。
会議机で聴く講演会よりも大福茶屋の畳座敷で
リラックスして聴ける妻沼の歴史話しは
タイムスリップしたかのよう。
談笑も弾みその夜は夢心地で床につけます。
余韻が残り毎回講演を楽しみにされる若者や女性の姿も。
今までにない歴史講演会の空気感をつくれたと思うのです。
＊
15年前にお店を開く時は、ここが門前町としてはあまり腑に落ちず、

商いの場としてお店を盛り上げることに必死になってました。

その流れでいろんな方々に迷惑をかけて成り立っていた妻沼手づくり市があって。

そこで沢山の町人さん達と触れ合うことが出来ました。

時に「地域を大切にしてくれ！」と叱咤してくれたおじちゃん。

人がゾロゾロと歩く通りを見て、懐かしみ「ありがとうね〜」と感謝してくれたおばあちゃん。

みんなどうしているだろうな…。

お空で見守ってくれてる人。成長して世界にはばたいてる人。

この町で商いをはじめてる人。などなど…

人生のジャンクション、縁結びの聖天さまの町〜妻沼。

15年前感じなかった門前町への想い。

そんなことを思い返しながらも、けれど、それが今は感じていて。

できればこの地にずっと繋がってきたカタチや色を、
今世に心地よいカタチや色に変わりながらでも
次の世代に繋がっていって欲しいと願い、
今回は門前町のインタビュアーも引き受けさせてもらいました。

なんだか私はすっかりと、未来での〝先人〟らしき人になりつつあることに。(笑)

驚きです。

おとなりさん。そしておとなりのおとなりさん。
インタビューしてみると昔も今も変わらずのおとなりさん。
そしておとなりのおとなりさんと変わらずに助けあってました。
ご先祖様を大事にする気持ちとともに
そのご先祖様を助けてくださったおとなりさんへの感謝の気持ち
そして大きく包み込んでくださる聖天さまのふもとで
ご加護されながら生活をされている。
助けてくれる人たち、助けてもらう人たち。
多様な人々が当たり前のように助け合う。
そんな世の中になればよいのになと思います。
みんな違ってよいいんだよ。みんな好きなものも、性質もそれぞれ、
生き方生き様そのものが、まろく聖天さまと寄り添うように…
人生を全うされているかのようです。
そんな姿を感じていると本当にありがたい方々に守られているんだなぁ…と。
私も先輩方々に近づきたいな。
これからも日々日常をこの門前町で精進させていただきます。
意味あるこの命、この運命をみんなで笑って助け合って行けたらいいな！
今回この妻沼の本を制作するにあたり、

またより深く妻沼、そして聖天さまを知ることができたことに感謝いたします。
そしてこの本が多くの方の手に渡り、足を運んでもらえるきっかけになれたなら。
より妻沼が永く広く…沢山の喜びが深まることを願います。
2022年8月お盆~
妻沼~聖天さま~門前町で
茶屋を営む娘、紀子の想いです。

高柳　紀子

あとがき

本書ができた経緯について書いておきましょう。

最初は、本屋「むすぶん堂」福島聡さんの提案からでした。聖天宮社家の御子孫である田島通明さんから聞き取りをしている私の様子を見ていた福島さんが「まつやま書房さんを紹介するから妻沼の本を出してみてはどうか」と提案してくれたのです。

私一人で本を作るのは心もとないため、妻沼にゆかり深い方々に相談したところ、栗原健一さん・仲泉剛さん・蛭間健悟さん・森田安彦さんにお集まりいただき、また私と古文書を読んでくださっている黛千羽鶴さんも加わって執筆者が揃いました。会の名義には、私が主催している埼北文化研究会を使うことになりました。

執筆者が集まる中で、妻沼のまちづくりをしている「まろく会」の中心人物である高柳紀子さんも本作りに興味を持って、仲間に入ってくれることになりました。高柳さんと話して痛感したのが、研究者の書くものは、どうしても難しくなって一般の人に伝わりにくいものになりがちということです。

論文は、学術が要求する水準を達成せねばなりませんから、ある程度難しい内容になるのは仕方ありません。しかし、研究者サークルの中だけで、研究成果が完結してしまうのは問題です。地域研究は、成果を地域に還元することで、その使命を果たせるのではないでしょうか。「本を作るのであれば、研究者と普通の人を結ぶものにしたい」。そんなことを高柳さんと話しているうちに、高柳さんが経営する甘味処「大福茶屋」を会場として、埼北文化研究会の講演会を定期開催することになりました。本の内容を妻沼の人に聞いてもらって、その意見を本に反映させることで、研究者と地域住民の壁を壊したいとの思いからでした。

令和三年一二月から始まった講演会は、コロナ禍のため延期や中断を挟みながら四回実施されました。

令和三年一二月八日　「雑俳から読み解く明治の妻沼」　講師：黛千羽鶴・矢嶋正幸
令和四年四月二八日　「妻沼地域の絵はがき」　講師：森田安彦
令和四年六月三日　「葛和田の繁栄　葛和田河岸の復元〜」　講師：仲泉剛
令和四年七月二六日　「平家物語『実盛』の段を考える」　講師：蛭間健悟

蛭間さんの講演会だけは、コロナ第七波の影響が急拡大している時期にあたり、三密を避けるために、妻沼中央公民館を会場にせざるを得ませんでした。本来であれば、本書の内容は事前に全て講演会で話してから原稿化する予定でしたが、コロナ禍による度重なる講演会の延期と迫りくる原稿締切のため断念せざるを得ませんでした。残りの講演会は刊行後におこなう予定です。

さて、一世紀を超える古い商家建築である大福茶屋の低い天井の下、皆で車座になりながら講演がおこなわれました。公民館や教室でおこなう普段の講演会とは違う雰囲気で、講師・聴衆の関係なく、ざっくばらんな質疑が飛び交う熱い空気が流れました。

森田さんの講演会の後、一〇〇年前の妻沼の風景を鮮明に残す古写真に感動した参加者の中から「私たちも一〇〇年後に残せる写真を撮りたいね」との声が上がり「令和の貴惣門」の写真を撮ることになりました。院主の鈴木英全住職をはじめ、たくさんの人が集まってくださり良い記念写真となりました。

本書は不思議な縁が結びついてできたものです。妻沼で生まれた人。妻沼で仕事している人。妻沼に越してきた人。妻沼を遊び場としている人。執筆者たちは、それぞれ違った縁を妻沼と結んでいます。聖天山は、縁結びの仏様として信仰を集めています。本書ができたのも、もしかしたら聖天山の利益によるものなのかもしれません。

『今につながる妻沼の歴史』というタイトルにしたのは、人と人との縁を結ぶ妻沼という昔から変わらない土地の魅力を表現したかったからでもあります。本書がきっかけとなって、妻沼と読者の縁を取り結ぶことができたなら、執筆者の一人としてこんな嬉しいことはありません。

令和四年八月十五日　聖天山の戦没英霊供養法会の日に

埼北文化研究会代表　矢嶋正幸

各著者紹介

【編著者略歴】
矢嶋　正幸（やじま　まさゆき）
一九八二年生まれ。埼北文化研究会代表。専攻は、民俗芸能論・宗教民俗学。主な論文に「唯一神道化する神楽についての一考察」『民俗芸能研究六四』などがある。

【著者略歴】
蛭間　健悟（ひるま　けんご）
一九七四年生まれ。熊谷市教育委員会市史編さん室勤務。日本中世史、熊谷の郷土史。共著に『熊谷市史』通史編上巻、『熊谷市史調査報告書』荻野吟子－その歩みと出会い－。

栗原　健一（くりばら　けんいち）
一九七一年生まれ。立正大学文学部専任講師。熊谷市史編集委員（近世専門部会専門調査員）。

森田　安彦（もりた　やすひこ）
一九六二年生まれ。熊谷市立江南文化財センター勤務。専攻は考古学。絵葉書を趣味で集める。主な論文に「唐獅子牡丹文系茶磨の系譜」『埼玉考古第 54 号』などがある。

仲泉　剛（なかいずみ　つよし）
一九九三年生まれ。日本近世史専攻。立正大学大学院博士後期課程修了。公益財団法人横浜市ふるさと歴史財団横浜市歴史博物館学芸員。徳川林政史研究所非常勤研究生。

黛　千羽鶴（まゆずみ　ちはづ）
一九六〇年生まれ。書家。書を岡部蒼風氏・高橋維周氏に、古文書を北沢文武氏に学ぶ。書家として地域での教育活動に従事する。

高柳　紀子（たかやなぎ　のりこ）
一九七一年生まれ。旧姓沢田。大福茶屋店主。幼稚園教員後、ワーキングホリデーで NZ へ。妻沼まちづくり工房。まろく会。

埼北文化研究会とは
埼玉県北部の地域文化の発掘・広報を目的として二〇一九年に設立された団体。地域発掘マガジン『土と水と風』の発行や講演会の運営をおこなっている。これまで「うちわ祭り—鳶の衣装を掘ってみる—」「熊谷市中西の昔を語る」など、地域にこだわった講演会を実施している。
連絡先：saihokubunka5@gmail.com

今につながる妻沼の歴史

2023年6月15日　初版第一刷発行
著　者　埼北文化研究会
発行者　山本 智紀
印　刷　日本ワントゥワンソリューションズ（株）
発行所　まつやま書房
〒355－0017　埼玉県東松山市松葉町3－2－5
Tel.0493－22－4162　Fax.0493－22－4460
郵便振替　00190－3－70394
URL:http://www.matsuyama-syobou.com/

ISBN 978-4-89623-200-4 C0021